◎ 本书为山东省社科规划项目研究成果
（项目批准号：23DGLJ13）

◎ 郗玉娟 著

组织社会资本、知识创造与动态能力关系研究

Research on the Relationships among Organizational Social Capital, Knowledge Creation and Dynamic Capabilities

经济管理出版社
ECONOMY & MANAGEMENT PUBLISHING HOUSE

图书在版编目（CIP）数据

组织社会资本、知识创造与动态能力关系研究 / 郗玉娟著. -- 北京 : 经济管理出版社，2024.4

ISBN 978-7-5096-9692-7

Ⅰ. ①组… Ⅱ. ①郗… Ⅲ. ①企业创新—研究 Ⅳ. ①F273.1

中国国家版本馆 CIP 数据核字(2024)第 091635 号

责任编辑：张莉琼
助理编辑：丁光尧
责任印制：许 艳
责任校对：蔡晓臻

出版发行：经济管理出版社
（北京市海淀区北蜂窝 8 号中雅大厦 A 座 11 层 100038）
网 址：www.E-mp.com.cn
电 话：（010）51915602
印 刷：唐山玺诚印务有限公司
经 销：新华书店
开 本：720mm×1000mm/16
印 张：13
字 数：224 千字
版 次：2024 年 6 月第 1 版 2024 年 6 月第 1 次印刷
书 号：ISBN 978-7-5096-9692-7
定 价：98.00 元

前　言

在全球经济一体化、宏观环境变化程度不断升级、科学技术持续发展的“超竞争”环境下，企业在稳态环境中形成的静态平衡不断被打破，原有竞争优势已不能应对日趋变化的外部环境。因此，企业迫切需要重构适合不同市场环境的能力体系，增强其对外部不确定性环境的感知能力和适应能力。而传统的资源基础观不足以解释企业如何在诸多变化的环境中获得竞争优势。鉴于此，学者们提出了动态能力的概念来表示企业感知变化，整合、构建和重组内外部资源以提高营运效率的能力，解释在新生劣势和高度不确定环境下企业如何获取并保持竞争优势（Teece et al.，1997）。

知识管理理论指出，知识创造为企业提供前所未有的新知识，成为解决企业动态能力问题的新逻辑起点。然而，已有研究仅强调知识对于动态能力的重要性，随着知识的异构性和模糊性愈加明显，企业对新知识的饥渴需求与组织行为的矛盾凸显，新知识如何转化为动态能力的研究任重道远。Eisenhardt 和 Martin（2000）曾根据惯例基础观（Routine-based View）指出，动态能力是一系列组织惯例的集合，惯例成为解释知识向动态能力转化的重要元素。由于环境变化的瞬时性和复杂性，组织惯例也需要根据环境变化做出改变，以减少组织行为发展停滞与环境变化之间的不匹配问题，故而组织惯例更新应运而生，成为影响知识创造和动态能力之间关系的新节点。在组织惯例不断更新的基础上，企业新创造的知识逐渐转化为应对变化的动态能力。因而，探究组织惯例更新对知识创造和动态能力关系的影响极富价值。

近年来，关于知识创造的研究在学术界异军突起，学者们对其也愈发重视。

关于组织文化、领导者行为和能力、企业导向、组织学习等属于组织内部元素的因素对知识创造的影响的研究较多，而从组织外部资源视角剖析知识创造影响因素的研究匮乏。知识创造是一个较为系统的概念，既受企业原有知识存量的影响，又受到外部资源的推动，成功的知识创造需要打破传统的内部资源重组固化模式，及时利用组织外部资源创造新知识。

然而，获取知识创造所需的外部资源具有不确定性和风险性，仅凭自身的力量，企业很难在突变的环境下有效从外部获取有价值的知识。社会资本的存在消除了企业获取外部知识资源的模糊性，可以提供适合企业实施知识创造的条件和资源。个体或组织等行为主体利用社会关系而具备的资源即为社会资本，对企业拓宽知识基础、实现知识突破十分关键（Inkpen & Tsang，2016）。同时，当前中国的国情提供了适合本书相关研究的一片沃土。在中国传统文化中，人与人之间甚至不同组织之间对各种社会关系十分重视。对于组织来说，社会关系体现在不同行为主体之间正式和非正式的联结之中，在某种程度上是组织实现正常运转的保证。

基于上述背景，本书在当前企业所处的外部环境变化剧烈的情境下，从社会资本理论出发，结合知识管理理论、惯例基础理论以及动态能力理论，旨在解决理论界与实践界共同关注的热点问题——如何促进企业创造新知识并实现知识向能力的转化，构建与知识创造相关的前因和后果理论模型，探究社会资本、知识创造、惯例更新、动态能力之间的关系。本书围绕两条主线：社会资本—知识创造，以及知识创造—动态能力，重点关注三个问题：社会资本不同维度之间是否具有关联且对知识创造的作用路径是否存在差异；知识创造在社会资本与动态能力之间是否具有中介作用；知识创造影响动态能力的边界条件（组织惯例更新的调节作用）。针对上文提出的研究问题，本书采用问卷调研的方式获得了 375 份有效问卷，综合运用 SPSS22.0、AMOS21.0、LISERL8.70 以及 PROCESS3.2 等软件对数据进行分析和实证检验，主要结论如下：

（1）社会资本的不同维度之间相互关联，且对知识创造的作用路径各异，存在结构性效应。结构型社会资本正向影响认知型社会资本和关系型社会资本，认知型社会资本正向影响关系型社会资本；同时，结构型社会资本和关系型社会资本分别积极影响知识创造，但认知型社会资本对知识创造不存在正向影响，认知型社会资本和关系型社会资本可以作为结构型社会资本与知识创造之间的链式中介变量。

（2）知识创造在社会资本与动态能力之间具有中介作用，而且知识创造中介作用的实现以认知型社会资本和关系型社会资本为前提。认知型社会资本、关系型社会资本和知识创造在结构型社会资本与动态能力之间具有链式中介作用，关系型社会资本和知识创造也可以作为结构型社会资本与动态能力之间的链式中介变量。

（3）知识创造对动态能力具有显著的正向影响，且组织惯例更新正向调节知识创造与动态能力之间的关系。

本书的结论将完善并丰富已有的理论研究和实践研究，创新点主要体现在以下几处：

第一，本书对社会资本的内部结构及其对知识创造的结构性影响进行了分析与验证，丰富了社会资本理论。已有研究认为，结构型、认知型、关系型社会资本之间互不影响，且三者分别与知识管理过程的直接关系研究较多，如结构型社会资本与知识转移（Filieri & Alguezaui，2014）、认知型社会资本与知识吸收（García-Villaverde et al.，2018）、关系型社会资本与知识共享（张生太和刘露露，2018）等，忽视了三者彼此之间的关联性，未能全面揭示社会资本的内部结构，导致无法深入分析社会资本对知识创造的结构性影响。本书根据社会资本理论，聚焦社会资本的内部结构研究，重点关注结构型社会资本、认知型社会资本、关系型社会资本之间的特殊关系，并以此为基础研究它们对知识创造的不同作用路径，完善了与社会资本内部结构相关的研究。

第二，本书把知识创造作为连接社会资本和动态能力的关键变量，聚焦知识创造在社会资本和动态能力之间的中介作用，明确了社会资本对动态能力的作用机理。已有研究强调社会资本对动态能力的直接影响（Blyler & Coff，2003；Zheng et al.，2011；刘力钢和刘建基，2017；Lee et al.，2018），忽视了知识创造在社会资本与动态能力之间的桥梁作用。本书从资源—行为—能力视角，全面检验了知识创造在不同类型社会资本与动态能力之间的中介效应，不仅拓展了动态能力形成机制研究，而且为知识创造相关研究提供新视角。

第三，本书引入惯例更新的概念，将其作为知识创造与动态能力之间的调节变量，完善了动态能力边界条件研究。已有研究较多聚焦知识属性、知识管理过程与动态能力的关系分析（Bitencourt et al.，2020；卢启程等，2018），对于知识如何转化为动态能力的研究不足，忽视了惯例的隐性作用。本书从惯例视角出发，结合知识管理理论，将惯例更新作为知识创造和动态能力之间的关键调节变量，明确了知识创造如何影响动态能力的边界条件，丰富了动态能力的相关研究。

目　录

第一章 绪论

第一节 研究背景

人工智能、大数据、5G网络和云计算等技术的推动和发展将我们推进全新的知识时代，企业面临的不仅是PB级的海量数据，更是联动千万亿字节跳动的知识驱动场域。知识驱动使企业赖以存在的外部环境充满了易变性、不确定性、复杂性和模糊性，这不仅增加了企业之间的竞争，也增加了企业之间的合作契机，在给企业的生存和发展带来了巨大冲击的同时也带来了挑战。在这种情况下，知识则显得尤为重要，知识化正在成为企业的新常态，知识驱动正在成为企业发展模式变革的核心动能。其实，在20世纪90年代初期，著名管理学家德鲁克在《后资本主义社会》一书中就指出，知识将成为未来社会的核心。在德鲁克的笔下，知识是重要的生产要素，这与传统的生产要素有很大不同。在当今经济全球化和网络一体化的时代，知识已经成为企业创新、社会进步不可或缺的重要资源。在实践层面，知识已经成为当今企业应对环境变化、保持竞争优势的决定性关键资源（张军等，2016）。在理论层面，知识管理已经成为经济、管理、组织行为等多学科交叉融合的重要研究领域之一，吸引了不少学者对知识创新等进行深入研究（Schulze & Hoegl，2008）。

一、实践背景

首先，中国企业所面临的外部宏观环境正在发生巨大改变甚至冲击，如何应对变化尚需探索。庚子伊始，便已注定这是不平凡的一年。新冠疫情肆虐全球，支撑国民经济发展的基本单元——企业，受到巨大冲击。这样的外部环境不仅给企业带来前所未有的危机，而且放大了企业管理特别是知识管理中存在的问题，若无应对之策，有些企业可能会永远消失在历史发展的浪潮之中。因而，如何应对充满不确定性的外部环境、度过“危险”迎接“机遇”成为企业发展中值得重视的问题。

纵观中国企业发展的轨迹，无论是2003年“非典”期间阿里巴巴和京东网上购物的崛起，或是2020年新冠疫情防控期间五菱宏光临时改造生产线生产医用外科口罩，抑或中建三局牵头历时12天建成雷神山医院，当时企业所处的外部宏观环境变化剧烈，对企业的冲击突然且猛烈，但这些成功企业或行业的应对之策虽措施各异，但本质相同，即较强的感知风险并适应外部环境的能力起到了极为重要的作用，是动态能力的重要体现。而曾经占据全球随身听业务半壁江山的索尼，在苹果推出iPod之后，市场份额瞬间被苹果公司占据，索尼风光不再。正如索尼总裁所说，索尼的问题在于当外部环境发生变化时，企业没能对市场需求做出反应，感知环境变化的条件与能力不足，不能应对经济转型引起的迷失和阵痛。这些不仅体现了企业对环境不确定性的感知能力，更是逆境中崛起、危机中增加信心、波动中提高生命力的动态能力，表明了动态能力对企业生存与发展的重要性。

其次，应对环境变化障碍重重，知识的作用凸显。随着《国家创新驱动发展战略纲要》等重要战略的全面推进，由工业制造到智能制造转型所引起的产业变革是当前企业面临的大环境。对于目前的企业来说，传统的产品创新和服务创新不是智能制造的全面体现，知识的创新才是根本的、彻底的创新，才能为企业提供发展动态能力的元素。经济合作发展组织曾经指出，社会生产力的提高需要知识，创新性知识是推动社会经济长远发展的基础。因而，知识在应对环境变化、提高企业动态能力过程中正在发挥着前所未有的价值（Ahuja & Katila，2001）。知识经济时代对企业发展存在巨大冲击是无可厚非的，此时企业应对环境变化的能力更加取决于知识的创新（Acedo et al.，2006）。企业的知识创造行为，正如进化生物学家范·瓦伦提出的红皇后假说，不进即是倒退，停滞等于灭亡。知识作为企业创新的关键资源，若缺少知识创造，企业便无进的可能。

例如，茅台集团在人人有终端、物物可传感、处处可上网、时时在连接的大势下，没有故步自封，认识到知识是宝贵的资源和生产要素，采用互联网技术建立了一套针对酿酒生产数据的信息化系统，由“制造”变“智造”，即由“酿造”变为“智慧酿造”。同时茅台人积极参与大胆尝试，将“传统和科技”混搭，结合云技术和物联网技术，着重创建以品牌为导向的云平台，通过对茅台二维码扫描、密码锁瓶盖、RFID 防伪溯源系统和茅台云商、云分销 APP 等的运用体验，力求整合线上线下渠道，为消费者创造更加愉悦的购物体验，促进业务升级转型，完成传统品牌与新知识的充分融合升级。这是茅台不断根据其存在的外部网络环境进行知识创造以应对这不断变化环境的结果，以至于其一直保持“白酒一哥”的地位。

再次，企业间边界逐渐模糊，组织社会资本引导企业知识创造。在崭新的知识经济形态下，不同组织之间参与合作的程度日趋深化，经济一体化趋势逐渐明朗，组织之间的相互交往与互相依赖超过以往任何时期，外部社会资源逐渐成为企业创造新知识的动力源泉和主导力量。在新的宏观环境中，不少企业也开始意识到单凭自身的内部资源优势（稀缺的、异质的、难以模仿的资源）已不能实现完整的知识创新并维持竞争力，甚至会承担巨大的成本与风险。为了感知环境动荡性，越来越多的企业开始寻求供应商、经销商、客户等组织边界以外的社会资本（如组织间交互、信任关系、共享愿景）来实现知识创新或者产品创新（Ganguly et al.，2019）。在国内外知识管理研究领域中，社会资本对于企业发展的重要意义已经得到广泛认同，特别是在中国经济升级和转型过程中，社会资本更是企业创造新思想、新想法过程中不可忽视的关键要素。针对这些情况，企业应对环境变化的焦点已经从单纯地掌握平面静态的模仿性技术或资源转变为掌控空间动态的研发性技术或资源（Akhavan & Hosseini，2016）。由此可见，社会资本对于知识创造的意义不言而喻。

例如，曾经在手机市场叱咤风云的王者——诺基亚，由于长期占据手机市场的优势，“诺氏傲慢”在潜移默化中形成，导致诺基亚轻视市场调研、忽视顾客不断更新的需求、不能较好地利用上下游企业之间的资源优势，进而被智能手机的浪潮抛弃，以至于诺基亚品牌几乎消失殆尽。而已经于 2012 年宣告破产的柯达却仅用一年时间就退出破产保护，并于2018年扭亏为盈。柯达是如何做到的？为了应对市场环境的变化，柯达与快时尚品牌推出能够勾起人们回忆的联名服装，即便处于落魄阶段，柯达的IP影响力尚在，跨界联合为品牌制造新的卖点。同时，柯达不忘研发新产品，于2017年开售模仿经典相机且满足大众情怀的智能手机；2019年，柯达和精酿啤酒品牌角头鲨合作，推出与科幻大片《Super 8》同名、既能饮用又能冲洗胶片的Super EIGHT啤酒。虽然柯达已经破产，但不放弃原有产品，积极拥抱新时代，利用同其他品牌的合作关系不断制造新想法、新惊喜，这也是利用外部社会资本创造新知识以应对环境变化的方式。

最后，知识的价值巨大，但独立存在的知识本身并不能直接为企业带来竞争优势，必须通过一系列复杂的应用，以适应不断变化的外部环境。组织惯例是知识应用的载体，在任何一个组织中，惯例与生物体内的基因相似，对组织行为或做事模式起着关键的指导作用，惯例对组织的影响无处不在。但是，惯例发挥作用的过程与组织所处的外部环境密切相关（Cohendet & Steinmueller，2000）。对于可以应对迅速变化环境的成功企业来说，它们可以通过惯例与外部环境的不断匹配掌控组织的行为规律，从而区别于组织惯例不能适应环境变化复杂性的失败企业（王永伟和韩亚峰，2019）。因此，适时的、恰当的、与外部环境匹配的组织惯例更新，不但保证了企业知识创新的普适性，而且由环境不确定性带来的风险也及时被克服。例如，美国苹果公司的发展、研华的阿米巴经营等都是惯例不断更新和技术创新结合的典型案例（王永伟等，2012）。

鉴于社会资本的多维度特征以及知识创造、惯例更新和动态能力的价值性和普遍性，有必要深入探究社会资本不同维度、知识创造、组织惯例更新、动态能力之间的关系，并结合知识管理理论和惯例基础理论深入揭示社会资本不同维度对知识创造的影响机理以及知识创造对动态能力影响的黑箱。研究结论能够为管理者通过社会资本促进知识创造从而提高企业应对环境变化的能力提供科学、合理的政策建议。

二、理论背景

Teece等（1997）提出，动态能力是企业为应对外部环境的变化而动态地识别并感知外部环境变化情况，从而抓住机会并重新配置组织内外知识资源的能力，对企业在动荡环境中的生存与竞争优势的维持至关重要。“动态”是指企业要依据外部环境变化适时而变，“能力”则强调对企业内部知识资源的整合和重新配置，中建三局、五菱宏光、阿里巴巴、腾讯公司以及一些中小微企业均在新冠疫情中体现出较强的动态能力，展现了中国企业沉着应对宏观环境剧烈变化的风范。故而动态能力是企业应对环境变化的重要倚仗，关于动态能力的研究也逐渐被理论研究者所重视。

随着对有关“知识”研究价值的肯定，学者们普遍认为知识是任何个体或组织维持长久竞争优势的决定性战略资源。面对目前瞬息万变的外部动态环境，企业知识需要被及时重新创造以应对这些波动和不可预测性。知识管理理论认为，有价值的、异质性的、难以模仿的知识资源是企业独特动态能力形成的基础（Chien & Tsai，2012）。众所周知，知识创造是一种复杂的、非线性的、非连续性的渐进过程，被多种因素影响。因而，企业如何更加高效地创造新知识，成为学者们普遍关注的问题。根据知识管理理论，企业知识创造的来源可总结为两个方面：一是从外部获取知识并将其与企业现存知识融合，如高学历人才引进等（Milosevic et al.，2018）；二是组织内部知识的重新排序组合，如新技术、新产品开发等（Schulze & Hoegl，2006；Tolstoy，2009）。而面对动态的外部环境，仅仅是企业内部资源参与的知识创造不足以满足企业对新知识的渴求，获取外部资源并将之与现有知识整合方能实现全方位的知识创新。显而易见，作为独立个体的企业不仅同供应商、顾客以及销售商等上下游企业之间存在千丝万缕的关联，而且这些不同企业会基于相似的目标形成一定的社会关联，为企业新知识创造的实现提供环境支持（Wilhelm et al.，2015）。换句话说，外部社会资源是影响知识创造的极其重要的因素，那么，进行知识创造的单位如何有效地获取外部社会资源并将其融合呢？在日趋流行的社会科学研究中“社会资本”概念的提出解决了该问题。

社会资本理论认为，组织能够通过上下游企业间的知识收集、转移、应用和再创造等一系列的过程产生新知识，优化组织合作模式，进而提高企业对外部环境的应变能力（Audretsch et al.，2011）。社会资本理论帮助学者们认识到知识资本资源对组织知识创造的直接影响和长远效应。Filieri 等（2014）指出，社会资本的一个重要作用就是促进不同企业之间的知识交换、知识共享以及知识创造。社会资本是社会网络体系中重要的战略资源，具有一定的完整性，为企业知识创造提供开放性、系统性的外部知识资源（Hughes et al.，2014）。

动态能力理论的逻辑认为，动态能力是企业应对环境变化的能力（Teece，2014），而企业不断寻求新知识并将其应用的过程便是企业改变自身能力的过程。换言之，知识是企业动态能力的核心力量，知识在企业内部发挥作用的过程本质上就是企业动态能力不断演化的过程（Wang et al.，2007）。各种知识管理行为或活动，如知识整合、知识转移、知识利用等，均对动态能力的形成与发展具有明显的促进作用（Anders，2006；刘立娜和于渤，2019）。惯例基础理论的逻辑认为，知识和动态能力之间转化的桥梁是组织惯例（Wang et al.，2017），即在组织惯例更新的条件下企业创新知识的能力，这是对动态能力的一种识别与转化（Zollo & Winter，2002）。简而言之，组织识别并获取新知识资源组合的惯例集便是动态能力，知识创造和动态能力之间联系的条件是组织惯例更新（党兴华和李全升，2017）。知识创造的目的是提升企业应对环境变化的能力，但前提是对基于组织惯例更新的知识创造结果的应用。

虽然国内外学者对社会资本、知识创造、组织惯例更新以及动态能力等变量的认识越来越深刻，研究程度逐渐深化，但是由于研究条件和方案等许多现实问题的限制，与上述变量相关的理论研究中仍然存在一些极其关键的问题有待进一步深入分析：

第一，虽然有学者对影响知识创造的因素进行了很多研究，但多数研究聚焦企业内部知识创造 SECI 模型的分析（Nonaka et al.，2000），鲜有研究解释外部社会资本对知识创造的影响机制。在目前超越组织边界的动荡环境下，“闭门造车”式的知识创造不再具备优势，有效的知识创造不仅依赖于内部拥有和控制的资源，还源于企业在社会环境中获取的必要知识和专业技能，特别是在当前不确定性条件下，企业必须重视和强调组织间的合作，尤其是对外部社会资本的摄取。社会资本是企业与上下游企业互联的基础，有社会资本参与的知识创造方能补齐企业应对环境变化能力不足的短板。

第二，由于社会环境的复杂性与多样性，社会资本也具备不同的方面，然而，社会资本对知识创造和动态能力的具体影响过程研究尚存在不足之处，尤其是当外部社会资本具有不同方面时，关于不同类型的社会资本如何作用于知识创造以及知识创造在社会资本与动态能力之间的中介作用机制研究匮乏。因而，需要对社会资本的类型进行整理并合理分类，根据社会资本理论，在剖析社会资本不同维度对知识创造作用路径的基础上探究社会资本对动态能力的影响机理。同时，社会资本不同维度之间存在何种关系也是值得关注的问题。

第三，虽然有学者认为组织惯例是能力的基础，并从惯例视角剖析企业动态能力的形成过程，但很少有研究从组织惯例更新的视角探究企业新创造的知识是以何种方式、何种路径转化为动态能力的。已有的多数研究通常以攀比性创造新知识为目的，单纯为了创造而创造，导致环境不确定性给知识创造带来的影响被忽视，低估了惯例更新在环境面前的力量，对新创造的知识如何转化为企业应对环境变化能力过程的研究匮乏。在知识创造过程中，惯例以一种坐标的形式存在，指引企业知识不断创新并转化为动态能力。知识和惯例的互动演化解释的是能力的产生，知识不断累积和惯例演化的过程就是提高企业能力的过程（许晖等，2014）。然而，目前较少有文献深入分析知识与惯例的何种互动方式以及演化模式能够推动企业动态能力的发展。因而，需要对知识创造与惯例更新的协同模式进行综合分析，从而明确动态能力提升机制。

总而言之，社会资本对知识创造和动态能力的影响机理研究尚存在不足，同样知识创造对动态能力的提升机理研究似乎也不完整，整合社会资本理论、知识管理理论、惯例基础理论以及动态能力理论，参照企业外部环境的情境因素，能够深入地理解社会资本、知识创造、组织惯例更新以及企业动态能力之间的关系，为企业应对环境变化提供更为深入的理解。

第二节　研究意义

本书着眼于企业能力理论与实践的需求，结合社会资本理论、知识管理理论、惯例基础理论以及动态能力理论等相关理论的内容，通过对企业管理人员和员工进行半结构访谈等获取一手资料，对社会资本的内容及维度加以界定，按照“资源—行为—能力”的经典研究范式，从而打开知识创造的前因和结果变量的研究黑箱。基于此，本书深入挖掘社会资本的内部构成及其对知识创造的影响机理，分析知识创造在社会资本与动态能力之间的中介作用，并引入惯例更新的概念，探讨新知识转化为企业动态能力的动态过程以及惯例更新对该过程的调节作用。本书具有较强的理论创新性和重要的现实意义。

一、理论意义

第一，拓展了社会资本理论的研究深度。在现有社会资本研究中，社会资本一般被划分为结构型社会资本、认知型社会资本、关系型社会资本三个维度，已有研究认为三者之间不存在任何联系，应该是平行的，鲜有研究对结构、认知、关系三个维度之间的内部关系加以分析。但是根据社会资本理论，三者之间是具备一定联系的，或者说三者对企业行为的作用方式存在特定的先后顺序。本书在将社会资本划分为这三个维度的基础上，就社会资本的内部结构问题展开系统分析，明确社会资本的组成，探究了其构成维度之间的相互作用关系，是对社会资本理论的深度补充。

第二，以知识创造为切入点，点线结合不断推动知识管理理论和社会资本理论的融合与发展。当企业所处的环境是不断变化的状态时，外部有效资源对知识创造的影响就十分重要。但是近年来多数学者重在以日本学者 Nonaka 等（2000）提出的知识创造理论（SECI 模型）为基础来探讨知识创新的问题，特别关注与知识转移相关的研究问题，对于企业如何实现真正的知识创造以及对知识创造外部影响因素的探索较为匮乏。任何企业都存在于一定的社会网络之中，社会资本作为网络大环境下的重要外部资源，是企业创造知识的重要先锋资源（蒋天颖等，2010；侍文庚和蒋天颖，2012）。以往关于知识创造的影响因素研究多集中于组织内部视角，较少有研究分析社会网络中不同社会资本（如组织间关系等）对企业知识创造的影响，同时忽视了知识创造在社会资本与动态能力之间可能具备的中介作用。本书从社会资本的不同维度——结构型社会资本、关系型社会资本以及认知型社会资本三个方面出发，研究企业知识创造的前因，聚焦社会资本对知识创造的结构性效应，进而解析知识创造如何在社会资本与动态能力之间发挥作用。因此，研究成果是对知识创造领域现有成果的有效补充，并进一步完善了知识管理理论。

第三，从组织惯例视角解析企业新创造的知识如何转化为动态能力，丰富企业动态能力理论。目前关于企业动态能力的研究多数以资源观为基础，解析组织资源对企业动态能力的影响过程，以静态资源利用为主（李彬等，2013），较少有研究关注动态能力的动态提升过程，以知识管理理论和惯例基础理论为理论基础的研究也鲜有。本书在知识管理理论的基础上，结合惯例基础理论，从组织惯例视角揭示知识转化为能力特别是企业动态能力的过程。本书首次从惯例（Routine）视角对动态能力提升问题展开系统分析和深入研究。结合组织惯例更新过程分析，明确知识创造对动态能力的作用机理。已有关于知识创造与动态能力之间关系调节变量的研究存在许多争议，本书将组织惯例更新作为调节因素纳入研究框架进行理论分析和实证检验，可以为这些争议的平息提供一定参考。因此，本书结果丰富并拓展了动态能力理论的有效性研究。

二、实践意义

在企业管理实践过程中，社会资本理论、知识管理理论、惯例基础理论以及动态能力理论备受管理学者的推崇，有着广泛的应用。在以新知识创造为主导的社会环境下，创新组织的知识管理体系，实现知识的超越创造已然成为企业必须面对的棘手问题（Buckley & Carter，2004）。因此，如何从当前社会环境中汲取资本/资源从而实现连续性知识创造和持续性动态能力更新，已经成为企业面临的主要挑战和目标（Carmeli & Azeroual，2009）。

本书在上文的理论背景和实践背景的基础上，围绕“企业如何利用组织社会资本开展知识创造，从而提升动态能力”这一热点问题，构建社会资本、知识创造、惯例更新、动态能力之间的关系模型，采用科学的、系统的研究方法进行理论分析和实证研究，研究结论可以为企业管理实践提供有益的借鉴。本书的具体实践意义如下：

第一，为企业识别社会资本的结构提供重要的理论指导。社会资本是特殊的社会资源，通过探究社会资本的基本内部构成以及不同维度之间的内部关系，为企业识别、应用不同类型的社会资本，进而鼓励企业实施知识创造，提供重要的建议和策略。同时，对具有中国特色的社会资本这一变量进行研究，有助于企业在中国环境背景下更好地认识并理解社会资本与知识创造之间的关系，进而为充分发挥社会资本的潜在效应提供操作性指导与合理化建议。

第二，为企业开展知识创造提供重要的理论参考和启示。现阶段发展中，企业所处的宏观环境不断变化，这就需要加强同外部其他组织的合作，及时识别变化中的发展方向，不断获取外部相关资源，以更新知识存量，从而解决因外部环境动荡性而出现的问题，因为新知识可以帮助企业应对外界环境的变化。本书将社会资本作为影响企业知识创造的前因变量，通过解释社会资本（结构、关系和认知）对知识创造的影响机理发现，组织社会资本的不同维度对知识创造的影响不同。该结论有助于管理者选择合适的合作伙伴参与本企业的知识创造，即选择结构型社会资本丰富的企业还是认知型社会资本丰富的企业，或是关系型社会资本丰富的企业，并有助于管理者认识到社会资本对知识创造的价值，为企业利用社会资本实施知识创造指明方向。

第三，为企业提升应对环境变化的能力提供管理启示。动态能力的实质是企业适应、调整和应对环境变化的能力，通过对社会资本、知识创造和组织惯例更新的分析，揭示社会资本、知识创造影响动态能力的内在机制。本书结合知识管理理论和惯例基础理论，在研究社会资本和知识创造对动态能力的作用机理时，将组织惯例更新引入到研究框架之中。研究发现，认知型社会资本、关系型社会资本和知识创造在结构型社会资本与动态能力之间具有链式中介效应，且组织惯例更新在知识创造影响动态能力过程中发挥调节作用。研究结论有助于解答在同样的环境下，相同行业、相似规模的不同企业应对环境变化的能力为何存在较大差异——有的企业乘风破浪，有的企业一路走低，直至消失。这为企业依据惯例更新提高对外部环境的动态适应性提供重要的指导和建议。

第三节　研究内容与结构安排

一、研究内容

作为被现代企业广泛重视的一种资源，社会资本对企业知识创造具有重要影响。由于社会资本具有多样性与广泛性的特点，导致社会资本对企业创新特别是知识创造并未产生预期的效果，结构型社会资本利用效率低、企业不能较好地利用关系型社会资本、企业忽视认知型社会资本等问题逐渐涌现，多数已有的关于社会资本的研究仍然停留在表面，即认为社会资本的三个不同维度之间的关系是平行的。事实上，社会资本的不同维度之间具有一定的联系，而三者之间如何关联的黑箱尚未打开，特别是当社会资本作用于企业知识创造时，结构型社会资本、关系型社会资本以及认知型社会资本如何作用于知识创造，以及知识创造如何影响动态能力，是本书研究的重中之重。因此，本书聚焦于企业如何提高应对环境变化的能力这一特定问题，从组织知识和组织惯例视角出发，通过整合社会资本理论、知识管理理论、惯例基础理论以及动态能力理论，探寻社会资本、知识创造、组织惯例更新以及企业动态能力之间的关系。本书研究的具体目标为：①对社会资本、知识创造、组织惯例更新以及动态能力进行细致的概念界定和维度划分；②探究社会资本不同维度之间的内在联系及其对知识创造的结构性影响；③研究知识创造在社会资本与动态能力之间如何发挥中介作用；④基于组织惯例基础理论，分析惯例更新对知识创造与动态能力关系的调节作用。

二、结构安排

基于社会资本理论和知识管理理论，选取结构型社会资本、关系型社会资本和认知型社会资本作为影响组织知识创造的必要条件，进而构建关于知识创造前因和后果的概念模型，同时对惯例更新在该过程中所发挥的调节作用进行分析，揭示知识创造影响企业动态能力的黑箱。

本书以社会资本不同维度之间的关系、社会资本对知识创造的结构性效应、知识创造的中介作用以及组织惯例更新的调节作用为研究重点，构建不同变量、不同维度之间的关系模型。根据上述研究内容，本书共分为七章，各章具体内容如下：

第一章是绪论。该部分重点阐述的是研究背景、研究意义、研究内容、结构如何安排，以及本书的研究方法和技术路线，是对本书整体框架的规划，同时理顺本书研究的逻辑思路。

第二章是理论基础与文献综述。该章关注的是理论基础和相关研究的国内外现状。其中，本书主要涉及的理论有社会资本理论、知识管理理论、惯例基础理论和动态能力理论，在介绍相关理论形成与发展的基础上，分析了这四个理论以何种方式支撑本书的研究。在文献综述方面，主要梳理了国内外有关社会资本、知识创造、惯例更新以及动态能力等的文献，并加以述评。在对本书相关理论和研究进行归纳和总结的前提下，回顾相关研究的发展态势，并综合当前企业开展知识创造行为的实践情况，分析该部分对本书研究主题的基础作用。最后是对本章的小结。

第三章是研究模型构建。在对相关变量加以解释和研究的前提下，该章对社会资本、知识创造、动态能力、惯例更新的内涵进行界定，将社会资本分为结构型、关系型与认知型三种。基于此，构建不同变量之间的理论分析模型，最后进行本章小结。

第四章是研究假设提出。通过理论阐述，提出社会资本不同维度之间的相互作用关系假设，社会资本不同维度与知识创造之间的关系假设，社会资本、知识创造与动态能力的关系假设及惯例更新的调节作用假设，并进行本章小结。

第五章是研究设计。本章的主要内容包括设计问卷、选择调研样本、收集数据等过程。同时，确定结构型社会资本、关系型社会资本、认知型社会资本、知识创造、惯例更新、动态能力等核心变量的测量量表，最后进行本章小结。

第六章是实证研究。本章首先利用 SPSS22. 0、AMOS21. 0 软件对收集的数据进行描述性统计、相关性分析、共同方法偏差分析、无反应偏差分析以及信度和效度检验，运用 LISERL8. 70 和 PROCESS3. 2 软件对提出的理论假设进行验证，同时对实证检验的结果加以分析，最后提出了本章小结。

第七章是结论与展望。该部分在对研究结论进行分析的基础上，总结本文的几点创新之处，并提出与之对应的企业管理实践启示，同时总结了几点尚需完善的不足之处，最后是对未来研究的展望。

第四节 研究方法与技术路线

一、研究方法

本书重视定性与定量结合的科学研究范式，强调理论分析与实证检验的融合。为了探讨社会资本、知识创造、组织惯例更新与动态能力之间的关系，本书在理论研究的基础上，明确指出社会资本三个维度之间的关系、社会资本对知识创造的影响机理，以及新知识转化为动态能力的过程是研究的重点，社会资本理论、知识管理理论、惯例基础理论、动态能力理论提供构建概念模型的理论基石。合理考察影响企业知识创造的关键要素，解释企业动态能力的发展机理，并从不同视角阐述社会资本与知识创造的关系，收集相关企业的调研数据，并利用数据处理软件进行实证分析，从而在理论模型的基础上对提出的相关假设进行实证检验。本书主要应用以下几种研究方法：

1. 文献查阅法

利用国内外数据库，检索、搜集和分析研究各种已有的有关动态能力、惯例更新、知识创造、社会资本等的文献资料，从中选取有效信息，以达到本书的研究目的。本书运用此方法主要解决以下问题：社会资本的内涵、构成及测量；知识创造界定及测度；惯例更新的内涵和测量；动态能力的界定和测度；不同变量之间的作用关系机理。

2. 专家访谈法

该方法的用途主要在于同文献查阅法的结合，在文献阅读和理论解析的基础上，根据同专家访谈的结果开发适合本书变量的量表。量表涉及对结构型社会资本、关系型社会资本、认知型社会资本、知识创造、动态能力以及惯例更新的测量。依据成熟量表首先制成初步的调查问卷，咨询知识管理领域专家学者修改量表，而后反复修正初始问卷，最后敲定正式的调研问卷。

3. 深入访谈法

为了强化研究问题的针对性，认识并掌握研究方向的明示性，在研究初期需要对有关企业实施访谈任务。这是因为知识管理理论研究和企业的实际生产情况关联较大，因而，在本书研究的开始阶段，采用深入访谈法与企业相关管理人员进行深度沟通和交流。

4. 问卷调查法

为了验证相关假设，本书采用利用率极高的方法——调研问卷，收集数据。首先，在合适的地区选择合适的企业进行预调研，在对预调研结果加以分析的基础上借鉴专家对于预调研结果的反馈情况，编制正式的问卷，并在确定区域内，向明确的企业发放调研问卷，进而开展广泛的问卷调查活动。本书运用此方法主要解决以下问题：获取被调查者所在企业的相关信息和后续实证研究所需数据。

5. 统计分析法

本书所使用的统计分析法包括皮尔森相关系数、探索性和验证性因子分析、结构方程模型和 Bootstrap 等计量方法。运用这些方法主要对社会资本的构成、社会资本对知识创造的结构性影响、知识创造的中介效应以及惯例更新的调节效应进行验证。

二、技术路线

一方面，基于文献检索和文献阅读，本书首先回顾并梳理了相关理论的形成与应用；另一方面，本书结合企业知识管理的实践情况，对相关企业展开调研。在理论剖析和现实调查切实结合的情况下，瞄准理论研究的不足和实践管理的需求，根据社会资本理论、知识管理理论、惯例基础理论以及动态能力理论，提出“组织社会资本、知识创造、惯例更新与动态能力的关系研究”这一科学问题。

首先，根据研究问题，确定社会资本对知识创造影响的结构性效应为本书研究的重点，建立结构型社会资本、关系型社会资本、认知型社会资本相互之间的作用关系假设，同时提出不同维度的社会资本对知识创造的影响假设和知识创造在社会资本与动态能力之间的中介作用假设，构建理论模型，分析组织惯例更新对知识创造与动态能力关系的调节效应。在此基础上，设计并应用变量的量表，形成本书的调查问卷，便于调研活动的顺利展开。其次，利用通过调研获得的数据，在对数据进行筛选、处理的基础上，分析数据的可靠性和有效性，同时采用结构方程模型和 Bootstrap 等检验本书提出的所有假设。最后，结合实证检验的结果分析研究结论，并为指导企业积极发展社会资本、展开知识创造和惯例更新、提高动态能力提供一定的实践启示。

本书按照“理论基础与问题提出—模型构建与假设提出—问卷调研与实证分析—结论与启示”规范的研究思路展开。技术路线如图 1-1 所示。

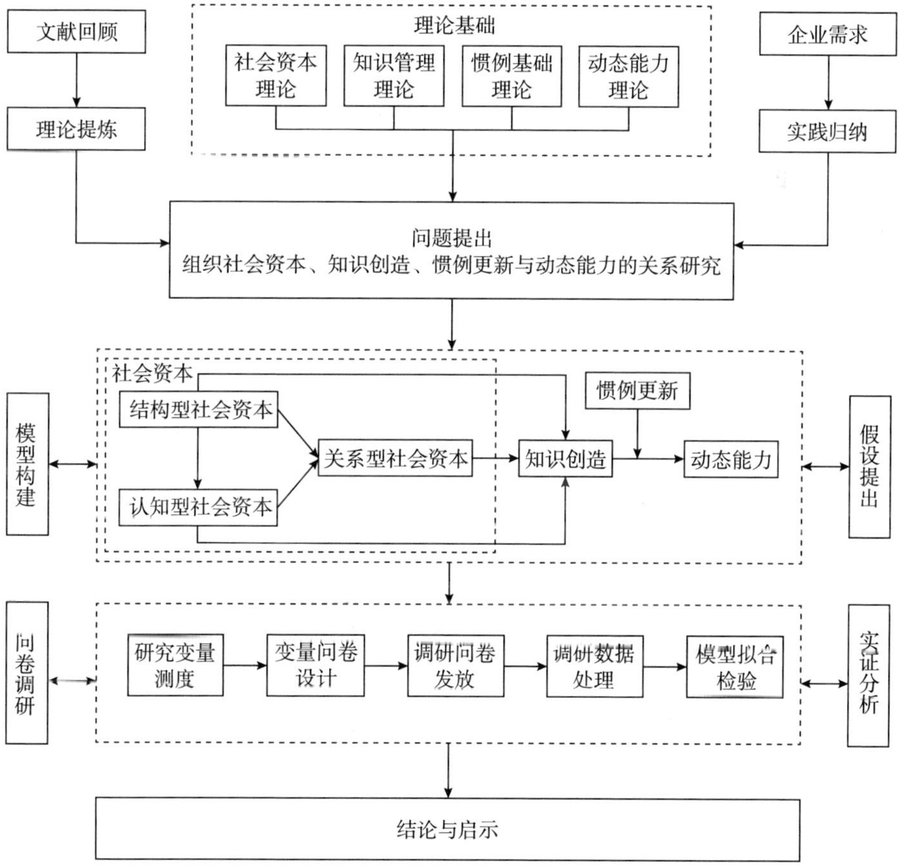

图 1-1　技术路线

第二章　理论基础与文献综述

根据第一章提出的研究问题，该部分将重点回顾并综述社会资本理论、知识管理理论、惯例基础理论以及动态能力理论的相关文献，借鉴已有研究，讨论与社会资本、知识创造、惯例更新、动态能力等有关研究的未来方向，通过对所用理论、概念模型、核心概念等的系统化梳理，为下一步的研究做铺垫。

第一节　相关理论基础

一、社会资本理论

（一）社会资本理论的发展脉络

社会资本理论（Social Capital Theory）是社会学理论和经济学理论的拓展，从发展历程看，其贯穿社会学、政治学、经济学和管理学发展的全过程。截至20世纪80年代，关于社会资本理论的研究一直处于萌芽状态，学者们并未予以重视，关于社会资本的定义不明确，研究范围较宽泛。虽然当时对社会资本的研究不够深入，但为后续社会资本理论在管理学领域的出现和应用提供了借鉴。20世纪八九十年代，社会资本理论的研究与应用逐渐被重视，其发展历程总结起来可以分为五个阶段：资源学派的认知阶段、能力学派的关注阶段、社会网络学派的应用阶段、结构洞学派的提升阶段以及其他学派的辅助阶段。

1. 资源学派的认知阶段

对于社会资本理论的研究，法国社会学家 Bourdieu（1986）较早地将目光注视到社会资本领域，认为社会资本是不断累积的劳动力，这种资本可以为个人或团队利益和资本的增加提供更多的社会资源。同时，认为社会资本是由社会组成成员或群体共同逐渐积累的资源，既包括已经实际存在的资源，也涵盖需要不断发现其价值的潜在资源，这些资源是成员或组织在相对稳定的、制度化的、互相交往的、彼此熟悉的关系网中形成的，而且这些资源既可以是隐性化的，也可以是显性化的（Aribi & Dupouët，2015）。Bourdieu 提出的社会资本理论可以解释当时的社会问题，但当时关于经济资本和社会资本的区分是模棱两可的，未对两者进行较好的辩证分析。因此，在 Bourdieu 开创性地提出社会资本理论的基础上，美国社会学家将该理论不断延展并使之成为重要的研究工具。

2. 能力学派的关注阶段

美国社会学学者 Coleman（1988）从能力视角提出，个体或群组拥有的基于社会资源特点的资产就是社会资本，对经济发展和社会治理有重要作用和影响，既存在于个体层面，也存在于组织层面。Coleman 指出，社会资本的主要表现载体是网络、权威关系、规范、义务以及多功能的社会组织等。同时，将财物资本、人力资本这些个体一出现就具有的资本归纳为社会资本，而且具有生产性。这就是在资源学派基础上对社会资本的深层次理解，即社会资本不但是社会资源的一部分，而且可以为资源的利用提供渠道，从而提高组织的各项能力。在此基础上，Portes（1995）对社会资本理论进行了更为全面和详细的阐述：个体或组织利用他们在社会结构中的身份获取社会网络中异质性资源的能力就是社会资本。这种能力不是固定存在的，属于一种资产，且包含于个体与个体、团队与团队或者组织与组织的关系之中，即嵌入性激发了社会资本（Carrillo & Webb，2008）。Portes 对于社会资本理论研究的价值在于其对不同主体间的社会联系进行了深入分析。

3. 社会网络学派的应用阶段

在社会学科研究领域，许多专家认为社会网络理论是并行于社会资本理论发展的另一种重要理论，指出两者之间存在一定交集，因而有学者在社会网络理论的基础上分析社会资本，从更加广泛的角度拓展了社会资本的研究广度和深度。随着这类研究的逐步规范化和深入化，社会资本理论在社会网络中的研究逐渐扩散，研究的学者也较多，其中具有代表性的是 Granovetter（1973）和 Lin 等（2001）。Granovetter 提出了弱关系理论，在分析个体求职行为的基础上，认为个体在求职时从弱关系（一般亲戚朋友）处获得的消息具有较高的价值，而从强关系（密切联系的亲戚朋友）那里获得的消息并不具备特别高的价值。具有弱关系的个体或组织之间的信息可能更加有效，互补性和异质性也较高（Inkpen & Tsang，2016）。Granovetter 根据嵌入性的概念，提出对个体或组织行为的分析不仅要根据组织目标，还要重视个体或组织之间的网络关系和结构，通过探究不同行为主体之间或者网络成员之间的关系，明确个人或组织的发展计划。因此，社会资本理论和社会网络理论存在交叉，把二者结合起来对社会资本进行分析，对社会资本理论的进步与发展影响重大。在 Granovetter 研究的基础上，Lin 等（2001）提出了社会资源的概念，认为社会资源是利用社会关系直接或间接实现的，且不仅个人所占据的资源被称为社会资本。更为重要的是，这类资源内嵌于不同的社会网络之中（Alguezaui & Filieri，2010）。Lin 等（2001）所提出的这类社会资本为个体或组织实现更好的发展提供资源基础，同社会资本的相关研究无较大区别，因此，有时 Lin 等会把“社会资源”称为“社会资本”。

4. 结构洞学派的提升阶段

“结构洞”一词是由 Burt 于 1992 年提出的，随着该概念的提出，关于结构洞的研究逐渐引起学者们的重视。在一定的社会网络中，一个个体（自我）和另外的个体可能会存在直接的关联，而有的“自我”之间不存在直接的关联，这样就会出现关系间断的情况，俯瞰整个社会网络，这些没有直接关联的个体之间像是出现了洞穴，即所谓的结构洞（Mc Elroy et al.，2006）。Ana 等（2011）指出，如果存在可以将无直接联系的两个“自我”联结起来的情况，那么，这个第三者便掌握了控制信息和资源的绝对优势。因而，在社会网络中，无论是个体还是组织的目标均是力争占有第三方结构洞的位置，同时还要维持结构洞在社会网络中不会消失，而且不允许其他“自我”之间的联系（Liao & Phan，2016）。因此，有学者认为，结构洞社会资本就是社会资本，这是因为在结构洞存在的社会网络中，关系一般的朋友或同事往往比比较亲近的朋友或亲戚能够提供更加丰富的资本，即此时网络中的个体或组织对社会资源的掌控程度就是社会资本（Wiersema et al.，2018）。另外，Burt 不但将基于结构洞的社会资本应用到组织行为学领域，而且对管理学理论更新影响也较大。

5. 其他学派的辅助阶段

Fukuyama（1995）从组织文化的视角对社会资本理论加以探究，提到影响经济发展的一个重要因素还包括文化（国家层面、区域层面、组织层面、个人层面），而社会资本就是以文化为基础所提供的信任度。Hughes 等（2014）在其研究中指出，社会资本是一种非正式的、可以说明事例的规范，这种规范有利于不同个体或者不同主体之间的相互合作。Fukuyama 在其实践研究中将一些国家划分为两个既相互对立又相对统一的方面。例如，根据发展状况，美国、日本、德国等被认为是高社会资本的国家，而中国、法国、意大利等则被认为是低社会资本的国家；还认为高社会资本的国家符合全球化发展的潮流，而一些低社会资本的国家不能很好地适应历史发展的潮流。值得注意的是，虽然 Fukuyama 的研究为解释不同地区、不同国家的经济发展程度提供更加新颖的思路，但不具有代表性（Kao & Wu，2016）。Putnam（1995）强调，社会资本的重心是组织群落而不是个体的发展，将社会资本同公共政策和集体行为加以联系，创造基于信任、互惠的群体存在空间。

（二）社会资本理论的主要内容

学者们从多个角度和层面对社会资本的研究内容进行探讨，总结起来关于社会资本的研究主要涉及三个层面：宏观层面、中观层面、微观层面的应用与整合。在宏观层面，主要研究外在环境对社会资本的影响以及社会资本在政治环境和政治体系中的嵌入模式；在中观层面，主要探究网络资源流动的方式和社会资本网络的结构化程度等；在微观层面，主要研究个体行为在社会网络中调动资源的能力及其展现出的结果。

1. 宏观层面的应用

学者们认为嵌入结构的社会资本体现于宏观层面，特别强调法律规范、政治制度以及行政法规等范畴。从宏观层面来讲，学者们将社会资本定义为依赖宏观环境的社会网络、社会规范、社会政策等，而且社会中的行动主体能够根据这类社会资本参与不同的社会活动，如同其他组织的合作、资源的共享等活动（Liu et al.，2018）。值得注意的是，美国政治学家 Putnam 最早将社会资本理论应用到十分广泛的政治体系之中，他对历史资料和历史经验进行了深度分析，并指出社会工作和社会生活中的信任特征、网络规范等是一个国家或者一个群体社会资本的集合。因而，对于宏观社会资本来说，其数量的多少将和组织参与社会活动数量的多少密切相关。许多学者认为存在于宏观社会网络中的规范等被称为社会资本，组织可以利用这些资本实现决策制定以及动员不同的组织参与合作（Johnson et al.，2018）。需要特别关注的是，微观社会资本的加总不是宏观社会资本，它往往取决于社会的文化、政策和传统等宏观环境因素，而且不能通过个人意识决定宏观社会资本的增加或减少。

2. 中观层面的应用

在中观层面，学者们多数从社会网络结构视角对社会资本的形成与发展进行讨论。基于Burt的结构洞理论，可以对社会网络结构进行深入的探讨，认为网络结构为个体行动者所提供的信息和资源就是中观层面的社会资本，而且获取信息、资源的能力大小可以利用个体在社会网络结构中所处的位置进行评价（Krause et al.，2007）。Lee等（2018）在研究中指出，单一行为主体在社会网络中的位置确实能够决定该企业社会资本的可获得性与可发展性，在网络结构中处于桥梁位置的行动主体具有更多的竞争优势，因为其在获取资源方面具有较大的便利性。需要明确的是，中观层面社会资本的主要来源是不同的社会网络关系，因而组织所处的社会网络规模的大小、网络强度的高低以及组织中心化程度对于行为主体获得社会资本均具有一定的特殊影响（Kleinbaum & Stuart，2014）。

3. 微观层面的应用

从微观层面来说，这类社会资本主要指的是个人在社会网络中所拥有的社会资源。Portes（1995）对社会资本的定义是从微观层面进行界定的，认为社会资本是组织中的个体在组织网络中根据他们的地位或身份获取稀有性资源的能力，并认为个人从组织网络和与不同人员的交往中取得政治经济等社会回报的关键是微观层面的社会资本。Coleman（1988）指出，在组织内部，个体所掌握的具有资本特点的财产就是社会资本，这类资本具备结构性特点，并且可以成为社会结构的组成元素，即这些不同要素构成了微观社会资本。同时，它不仅以组织中不同成员之间的关系为载体，而且这类资源可以使得不同组织成员之间的合作与交流变得更加方便（Li et al.，2019）。Coleman从微观层面对社会资本加以分析，可以看出，最初对于社会资本的研究主要以微观层面的个人为主体，而且个人在社会网络中获得资源的潜力和能力——自我嵌入的观点，是特别需要强调的。Lin 等（2001）认为，个人从不断拓展的社会网络中能够持续占有或取得的现实或潜在的资源集合就是微观社会资本，这类社会资本与物质资本和人力资本本质相似，且具有可获取性、可利用性以及可嵌入性（Marian et al.，2019）。

总而言之，社会资本存在于不同的层面，具有不同的类型，而且社会资本一般被认为不是效益最大化的资源而是效益最优化的资源，正是宏观、中观和微观层面上不同类型的社会资本共同决定了资源利用效果的差异。这是因为不同社会资本之间的差异不仅体现在资源存量上，而且体现在社会结构上，社会资本的变化受到行为主体的影响（Kannadhasan et al.，2018）。也就是说，既有高水平的社会资本，也有低水平的社会资本，不同水平的社会资本之间是可以彼此转换的，这种说法是对社会资本理论在管理学界广泛研究并应用的肯定。

二、知识管理理论

（一）知识的概念

在新的经济制度体系中，知识已经不再是同土地、资金、人才等并列的资源，它是更加具有价值和意义的资源。对任何组织来说，知识是价值创造的源泉，这就无法否认知识在当前组织理论管理研究和实践管理研究中的特殊作用，从而推动理论研究者对知识管理过程研究的逐渐深入。然而，伴随着知识管理理论的创新，学者们愈发重视关于知识的定义，且在观点上存在一定差异。基于此，针对研究背景，首先对知识的概念及其演变进行系统梳理。

对于知识的界定，起源于哲学领域，而后越来越多的与“知识”相关的研究被管理学领域的学者重视。有的学者认为，知识是信息的一种，这种信息可以被改变，成为行动的基础，从而促使个人或组织具备更加有效和异质的行动能力。有的学者指出，知识是在组织背景、价值观、专家的结构化经验、个体直觉等基础上共同形成的一种综合体。Majchrzak 等（2004）指出，对事物的发现、认识、学习、探索及应用的综合就是知识，重点包括“信息性知识”“诀窍性知识”“人才性知识”以及“原因性知识”。Tywoniak（2007）认为，知识是矛盾的综合体，同时包括理论体质和实践体质。Camisón 和 Forés（2010）认为，知识的储存方式复杂且广泛，不仅包括组织内部知识，同时组织规范、行为、模式等惯性资源中也包括知识。另外，还有学者认为知识是从信息中提取出来的有价值的资源，而信息来源于数据（Dew et al.，2004）。有学者认为，知识比数据或者信息更加接近行动，关于知识的评价，可以以知识对行为和决策的影响作为标杆。通过对数据、信息和知识的区分可以看出，在数据—信息—知识这一金字塔形状层级体系中，数据处于最底层，其次是信息，知识处于最顶端。具体阐述如下：从某一组织外部获取的最原始的、可衡量的资料便是数据；而具有分析价值的、具有结构性的数据则被称为信息；可以预测因果关系、行动或企业决策的信息集合称为知识。数据被分析之后才是信息，使用者不同，信息也因此具有不同的特殊意义，体现了数据与信息的最大不同。从本质上讲，数据、信息、知识之间的关系是不断螺旋变化的，知识最大化程度反映了个体的判断，体现的是知识持有者对现实问题的处理情况，包括对知识的投入度等（Canonico et al.，2020）。通过对知识来源和定义的分析，总结数据、信息和知识三者之间关系的“之”字模型如图 2-1 所示。

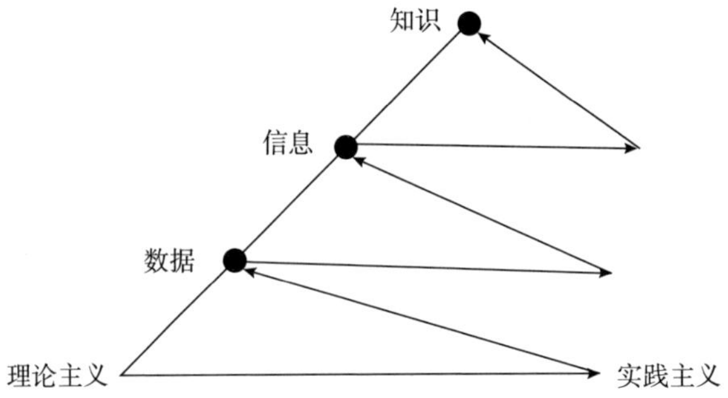

图 2-1　数据、信息与知识的层级关系

（二）知识的分类

由于关于知识创造的量表是根据知识创造结果及知识类型设计的，而且为了对知识的本质与内涵有更加深入的了解，因而需要针对性地梳理知识的类型。通过文献整理发现，知识分类具有环境依赖性，知识涉及不同的方面，是一个复杂的概念，从不同的视角来看知识具有不同的分类（王向阳等，2018）。

1. 知识源视角

如果从知识来源视角对其进行分类，个体层、团队层以及组织层的知识是最具代表性的三个方面（王向阳等，2018）。个人层面的知识是指归属于个人的智慧和知识，个人可以对这些知识进行利用，但是难以与他人共享，如个人的感觉、创意、经验、体验和灵感等；团队层面的知识指团队中个人知识的集合，可以实现个人知识在团队层面的共享（Ajmal et al.，2010）；组织层面的知识指的是创造组织价值的知识，这类知识在与他人分享方面更加便捷，例如，组织的业务手册、设计图纸、研讨资料和客户资料等（Alavi & Leidner，2011）。另外，从更加广泛的知识源视角对其进行分类，可以将知识分为内部知识和外部知识。组织的发展宗旨、文化、过程性资产、员工、惯例等内嵌于组织其他方面的知识资源就是内部知识（Holsapple et al.，2015）。外部知识则是组织边界以外的知识，主要包括顾客、供应商等合作伙伴的知识以及竞争对手的知识等。近年来，伴随着大数据和5G网络等技术的发展与智慧化，组织外部知识正变得越来越重要（Pellegrini et al.，2019）。内部知识和外部知识被作为一种新的分类方式被学者们广泛应用于探讨跨组织或跨边界的知识管理问题。

2. 知识属性视角

从知识属性来看，可以将知识分为显性知识和隐性知识、陈述性知识和程序性知识（Tsai et al.，2015）、可编码性知识和不可编码性知识（Beck et al.，2015）。Polanyi最先提出显性知识和隐性知识的概念，然后Nonaka等（2000）对其加以整合并完善，认为能够被正式语言所表达的就是显性知识，且这类知识是可以实现编码化的，如数学公式、正规合法的规则、生产流程手册等，在不同个体之间的流动简单而快捷（王向阳等，2017b）。反之，隐藏在个体经验中的、难以识别的知识被称为隐性知识，主要包括个体层面的观点、价值观等。隐性知识是不可编码的知识，是企业主要竞争力的来源（王向阳等，2018）。

3. 知识利用视角

任何组织都是一个知识资源库，其中包含了嵌入相关组织惯例中的各种类型的知识，由于惯例存在于不同部门，并且被应用于不同的个体，因此，从知识利用视角对其进行分类也是可行的。Mc Evily和Chakravarthy（2002）认为，技术性、市场性、管理性和操作性四类是企业的主要知识类型，是知识管理过程中需要重点关注的类型（Xi et al.，2020）。技术性知识是指与产品、技术或与技术有关的过程相关的知识（Burgers et al.，2008）。技术性知识嵌入组织的日常工作中。新技术知识的搜索和获取高度依赖于路径，并受到组织惯例的约束（De Luca & Atuahene-Gima，2007）。市场性知识涉及特定地区的机构知识和关于供应商、竞争对手和客户的特定知识（Akerman，2015），这类知识反映了企业对竞争对手和客户意愿的理解程度。管理性知识是指帮助企业做好各项管理工作的管理知识，通常被嵌入到日常工作中，特别是在帮助公司有效运作方面。操作性知识主要包括企业的生产性知识和流程性知识（Alavi & Leidner，2011）。

4. 其他视角

除了从知识属性、知识利用以及知识源视角对知识进行分类，学者们还从其他视角对知识进行分类，如主题知识与非主题知识、逻辑型知识与文化嵌入型知识、事实性知识与理念性知识（王向阳等，2018）。另一个重要的分类方式是仅对组织内部的知识进行分类，将知识分为关联知识（Connected Knowledge）和无关联知识（Disconnected Knowledge），其中，无关联知识包括闲置知识（Slack Knowledge）、不相关知识（Unrelated Knowledge）、未利用知识（Unused Knowledge）以及未知知识（Unknown Knowledge）（王向阳等，2018）。关联知识指的是与组织当前发展有关的知识，强调解决组织现存的问题。闲置知识指的是组织或个人拥有的知识，虽已经被组织利用，但未充分利用，其价值并未被完全发现，强调对其价值的挖掘。不相关知识指的是被组织或个人应用的知识，但是没有被用来解决目前的问题，强调对其使用价值的转移。未利用知识指的是组织可以获得但没有利用的知识，强调潜在价值。未知知识指的是当环境变化时，组织或个人不拥有或者不知道确实存在的知识，强调的是组织尚未发现的知识（王向阳等，2018）。

通过分析学者们对知识分类的研究发现，虽然不同学者从不同背景对知识进行分类，但是总结起来可以发现这些分类背后的共性与基础是二元论，强调显性知识和隐性知识的区别，以及组织内部知识和外部知识的关系（王向阳等，2017a）。以往知识管理领域的学者重视对显性知识和隐性知识的分析，近年来关于组织内外部知识视角的研究也愈发丰富，表明在当前动荡的大环境下，企业以外的知识资本对知识创新的影响逐渐受到学者们的重视。同时，关于具有不同作用或性质的知识，如管理性知识、市场性知识、技术性知识以及操作性知识等的研究也越来越深入，因此，基于知识利用视角的分类也逐渐被管理界和实践界熟知。对于组织知识类型的总结如图 2-2 所示。

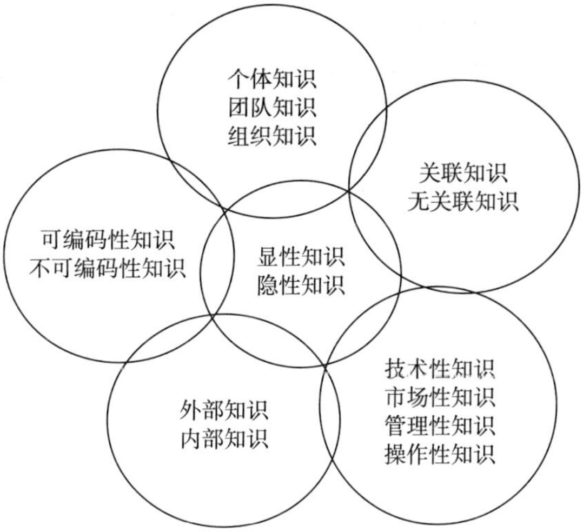

图 2-2 不同视角下知识的类型

（三）知识管理理论的形成与发展

为了研究知识资源在企业生产经营中的重要作用，Grant（1996）提出了知识基础观（Knowledge-based View）。严格来说，知识管理理论的形成是由企业内生增长理论、资源基础理论和企业能力观等理论综合催化的（Penrose，2015）。同时，知识管理理论的发展过程中形成了组织学习理论、演化经济学理论以及组织行为理论，不断推动着知识管理体系的完善。企业内生增长理论认为，专业化分工是企业成长的首要条件，在分工的情况下企业可以产生更加具有专门性和独特性的新知识和新技巧。同时，新知识促进企业深入发展，如此循环往复。资源基础理论认为企业存在的基础是资源，且这些资源是异质的、有价值的，这对企业来说是不可或缺的关键因素。随后，企业能力观在资源基础理论的基础上出现，认为资源对企业生长来说至关重要，但企业对资源的开发、配置和应用也非常重要，因为这决定着不同企业之间的异质性。显而易见，虽然资源观和能力观已经解释了企业生存和发展的深层因素，但是其背后的决定性因素仍需要探索。因而在能力观之后，Penrose 继承并发展了企业内生增长理论，并在该理论的基础上强调知识是最具有价值的资源，特别是那些隐性知识和未被利用的知识，这就需要企业不断积累知识。隐性知识一般存储于组织惯例、组织流程、员工大脑之中，如何利用这些知识尚未被发掘，因而知识的管理与应用越来越成为理论界和实践界需要探索的重大问题，知识管理理论也不断被学者们重视（王向阳等，2017a）。

另外，知识管理理论发展过程中并非孤立存在的，其间不断衍生出组织学习理论、组织行为理论和演化经济学理论，且这些理论被应用于知识管理领域，如组织学习理论从知识的视角探讨了企业的内生增长问题（Cyert & March，1992），重点强调组织内知识的吸收、消化、再利用，是企业利用知识解释组织行为的过程（Akiran，2009）。以学习为引导，加深企业对知识的利用深度，从而提高组织行动能力。在有限理性假设的基础上，Simonin（1999）提出并深化了组织行为理论，认为由于组织成员间认知能力的不同，组织行为的改变会引起员工行为和认知的改变，即新知识的存在或组织员工的岗位职责发生变化时，企业应该考虑员工行为的变化（Wang et al.，2017）。演化经济学理论强调的是组织的动态演化过程，该理论衍生于生物学的进化理论，将企业看作生态系统中的“物种”。在物种进化过程中，作为一种特殊资源的知识对企业演化十分必要。

总之，企业内生增长理论、资源基础理论和企业能力理论是知识管理理论发展的基础主干，组织学习理论、演化经济理论和组织行为理论则是知识管理理论发展过程中形成的理论基点，是知识管理理论发展的动力机翼，由此，可以形成揭示知识管理理论发展进程的一体三翼进化图（见图2-3）。

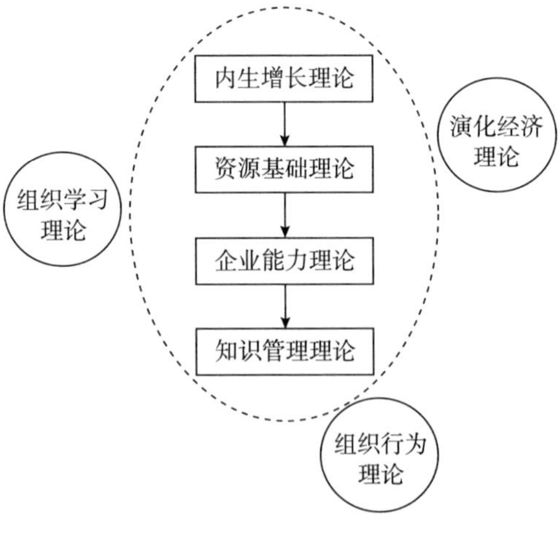

图2-3 知识管理理论一体三翼进化图

三、惯例基础理论

（一）组织惯例的概念

惯例的定义是由 Stene 于 1940 年提出的，认为惯例是重复性的活动，具有惯性（Gersick & Hackman，1990）。Levitt 和 March（1988）指出，组织惯例不仅包括惯例运行所需的文化、知识、信念、组织范式、组织框架、组织编码规则等，而且包括惯例形成过程中所需的技术、战略、程序、规则和习俗等。Cyert 和 March（1992）在研究中曾提及惯例就是程序，包括一般的选择性程序和特殊的标准化程序，并且他们认为在环境变化的情况下，这些程序会因组织理性的自适应过程发生改变。无独有偶，Feldman 和 Pentland（2003）提出了惯例是重复行为模式的观点，而且认为这些行为之间相互依赖。Hodgson 和 Knudsen（2004）则认为，作为一种习惯性的倾向，惯例需要依赖社会结构而存在，还指出组织层面的惯例是个人层面行为倾向相互协调的结果。

Nelson 和 Winter（1982）认为，惯例是组织的技巧，技巧是协调一致的行为或能力，其界定开始将惯例看作组织能力的基础。Becker（2005）将惯例归纳为组织的认知、行动和能力三种模式，对应组织规则、循环交互模式和标准化的作业流程。Feldman 和 Pentland（2003）将惯例分为形式层和执行层，并利用这两个层面之间的差异探索惯例随着时间推移而变化的本质，同时研究了惯例的形式面和执行面对人工制品的影响，从而将惯例的认知模式和行为模式结合起来，将惯例引入能力和实践两个视角对立层面（Pentland et al.，2010）。在 Pentland 等研究的基础上，Bingham 和 Eisenhardt（2011）认为，组织为解决特定问题而制定的详细解决方案就是惯例，且同组织所属的环境密切相关。

Salvato 和 Rerup（2011）认为，组织惯例和组织能力是“你中有我，我中有你”的关系，这就将惯例和能力进行了较为细化和多层的研究与剖析。Winter（2013）认为，惯例和能力相互关联，能力是惯例的归宿，惯例是能力的来源。Becker（2004）认为，惯例是组织能力的集合体，被描述为技能、能力、倾向或地位，是企业取得成功的重要驱动力。Brauer 和 Laamanen（2014）认为，组织惯例是一系列元惯例的集合，这说明在特定情形下惯例是组织行为的基因。Ranucci 和 Souder（2015）认为，能力是一套组织惯例和流程，通过这些惯例和流程，组织可以将组织内具有不同特点的知识整合，并实现新知识的创造，以适应外部变化的环境（Bertels et al.，2016）。另外，惯例代表的是提高组织绩效等一系列能力的集合（Feldman & Pentland，2003），因而组织惯例与动态能力也有很大的联系。值得注意的是，只有当组织惯例与环境相适应的时候，动态能力才能完全体现，因此，惯例为动态能力的发展提供强有力的支撑（Salvato & Rerup，2018）。

综合学者们的研究，可以看出，关于惯例定义的主要歧义在于是从能力视角进行界定还是从行为视角进行界定。虽然持两种不同观点的学者都认为惯例研究是组织变革的研究核心，但从能力视角来说，惯例是单一实体，已有研究主要关注惯例的动态变化与结果（Turner & Fern，2012），从行为视角来说，学者们重点关注惯例的运作及其如何被复制并改变（Wilhelm et al.，2015）。因而，本书结合能力和行为两种视角，将组织惯例界定为重复的、用于解决组织问题的、互相依赖的行为模式，是能力的来源，同时具有稳定性和变革性（Nelson & Winter，1982；Feldman & Pentland，2003；Friesl & Larty，2013；Yamauchi & Hiranmoto，2020）。对组织惯例的定义总结如表 2-1 所示。

表 2-1　不同学者对组织惯例含义界定汇总

作者	具体定义
Stene（1940）	组织习惯性的重复活动
Cyert 和 March（1992）	惯例就是程序，包括一般选择性程序和特殊标准化程序
Nelson 和 Winter（1982）	惯例是组织的技巧、组织的记忆和组织基因，惯例具有变革性和稳定性
Levitt 和 March（1988）	组织惯例既包括文化、知识、信念、组织范式、组织框架、组织编码规则等，而且包括组织惯例形成过程中所需的技术、战略、程序、规则和习俗
Gersick 和 Hackman（1990） Feldman 和 Rafaeli（2002）	惯例就是组织重复的行为模式
Pentland 和 Rueter（1994）	组织惯例可以类比为语法结构
Feldman 和 Pentland（2003）	惯例是重复的、可识别的、相互依赖的行为模式
Hodgson 和 Knudsen（2004）	惯例是一种习惯性倾向，需要依赖社会结构而存在
Becker（2005）	组织惯例是组织的认知模式、行动模式和能力模式
Feldman 和 Pentland（2003）	惯例分为形式层和执行层两个方面

续表

作者	具体定义
Salvato 和 Rerup（2011） Winter（2013） Gupta 等（2015）	惯例是能力的来源，且与能力等同
Ranucci 和 Souder（2015）	组织惯例是企业竞争优势的主要来源
Lin 等（2017） Salvato 和 Rerup（2018） Yamauchi 和 Hiranmoto（2020）	惯例是重复的、可识别的、相互依赖的行为模式，由多个行动者执行

资料来源：根据已有文献整理。

（二）组织惯例的分类

根据不同的研究背景和研究情境，学者们对于组织惯例的分类方式各执一词，尚未达成统一的意见，本书总结了如下几种分类方式。Nelson 和 Winter（1982）在其研究中指出组织惯例由一系列的元惯例（Meta-routines）构成，操作性惯例和元惯例是惯例的重要组成部分，元惯例是可以改变惯例的惯例，而且元惯例是组织惯例变革的潜在支持，对惯例演化和动态惯例形成至关重要。Heimeriks 等（2012）认为，由于组织内部具有不同的结构和层级，惯例同样具有多层级的特点，可以分为低层级惯例和高层级惯例。低层级和高层级惯例之间彼此关联、相互影响，较低层级的惯例是较高层级的惯例的构成元惯例，高层级惯例受到低层级惯例的影响，因此，从部分与整体的视角，将惯例分为元素惯例和整体惯例。Teece（2012）、Zollo 和 Winter（2002）认为，组织能力是惯例的集合，惯例包括操作性惯例和搜寻性惯例，操作性惯例类似于仅凭经验做事，对应操作能力，搜寻性惯例最终变成企业惯例变革的搜寻能力，对应动态能力，搜寻性惯例可以改变操作性惯例。Bloodgood（2012）根据惯例本身在变异过程中的作用，将其分为学习惯例和经营惯例。其中，学习惯例是能够改变经营惯例的惯例，是组织的努力行为，经营惯例可以提高组织的运行效率，可因为行为人的思想而调整。Bresman（2103）通过研究高新技术企业，将惯例分为一般惯例和创造性惯例，创造性惯例是企业一般惯例现象化的结果，而且与一般惯例比较来说，创造性惯例在解决创新性问题方面更加具有针对性。D'Adderio（2014）将惯例分为复制型、重组型以及变异型。其中，复制型惯例与组织平常的运营活动相对应，重组型惯例是应对组织临时出现问题的惯例，变异型惯例指的是为应对环境变换参与组织变革的惯例。Gupta 等（2015）认为，惯例是能力的源泉，因此，基于动态能力的分类标准（感知、获取及重置），指出参与外部获取的常规惯例、尝试知识创新的惯例和用于开发新产品的组织惯例构成组织中所有的惯例集（Xi et al.，2020）。

总之，从惯例演化的视角来看，静态惯例主要包括经营惯例、操作惯例和一般惯例，而动态惯例主要包括学习惯例、创新惯例和搜寻惯例。从惯例的层级来看，静态惯例和一般惯例属于低级惯例或零阶惯例，创新性惯例和动态性惯例属于高阶惯例。从动态能力形成的基础看，一般性惯例、操作性惯例、经营性惯例和静态惯例为低阶惯例，学习性惯例、创新性惯例、动态惯例和搜寻惯例为更高阶的惯例，低阶惯例的修改需要高阶惯例。对惯例的分类总结如图 2-4 所示。

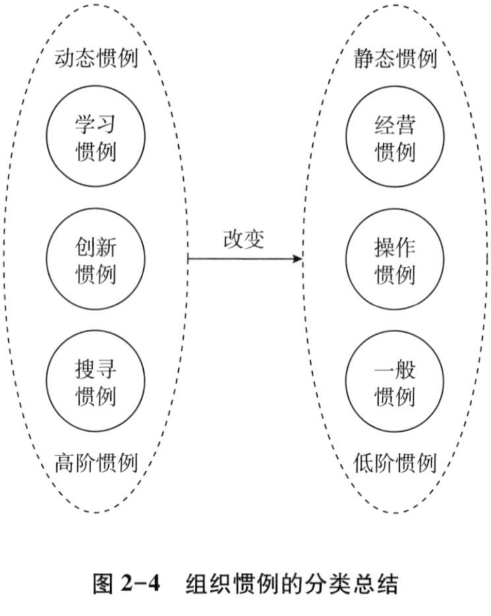

图 2-4　组织惯例的分类总结

（三）组织惯例的研究范畴

惯例的定义和分类对本书的研究具有重要帮助，但是如果对组织惯例进行更为深入的描述和全面的认识，对组织惯例研究范畴加以总结，有助于对组织惯例更新的界定和维度进行划分。惯例研究是目前知识管理领域的热点话题，通过文献梳理发现，已有关于组织惯例的研究可总结为静态稳定和动态变化两个视角。对于组织惯例的静态研究，学者们主要为了了解“什么是惯例”的尖锐问题，并且重点关注惯例的定义与基本结构（Feldman & Pentland，2003；Becker，2004）。对于惯例的动态研究，学者们主要是为了解决“如何改变惯例”的黑箱问题，重视惯例的选择与复制、惯例演化、惯例的变异与变革等问题（Hodgson & Knudsen，2004；Turner & Fern，2012）。对于“惯例怎么变”的问题，可以根据惯例的动态演化机理加以解释。已有关于组织惯例动态性的研究关注惯例变异、选择和保留等（Feldman，2003；Wang et al.，2017）。例如，Rerup 和 Feldman（2011）在研究中指出，试错机制对惯例变异、惯例演化影响重大，从侧面反映了组织间学习机制与惯例动态性的关系。Feldman 等（2016）也认为惯例会根据环境的变化而变化，惯例的动态性能够较好地解析企业发展全过程，对企业变革与创新十分关键（Cacciatori，2012；Salvato & Rerup，2018）。

可以看出，现有研究对惯例动态性越来越重视，且考虑到了环境特征，但忽视了惯例的二律背反性（Rerup & Feldman，2011）。这是因为，惯例具有双重属性，既可以成为企业发展的优势和原动力，也可能变为组织进步的惰性元素，降低企业主观创造力（Feldman et al.，2016）。目前企业面临的外部环境复杂且多变，导致惯例和外部环境的冲突，即不匹配性（Lin et al.，2017）。为了应对这种不适应，惯例需要更新，从而达到同环境的匹配甚至吻合。因此，基于惯例演化的惯例更新研究变得十分必要。总之，本书在整理惯例相关文献基础上总结出“惯例如何变”这一问题的研究范畴，如图 2-5 所示。

（四）组织惯例的演化模型

在管理学研究中，组织惯例的形成与演化是理性选择的结果。通过对已有关于惯例演化模型的研究，可以总结为五类：一是基于达尔文主义的自然选择模型，二是基于拉马克主义的管理适应模型，三是基于达尔文主义和拉马克主义的共同演化模型，四是基于演化博弈理论的组织惯例演化模型，五是基于社会结构化理论的组织惯例演化模型。

1. 基于达尔文主义的自然选择模型

根据达尔文的进化主义论，组织惯例与生态系统内的物种具有相似的进化过程，在竞争激烈的环境面前，物种变异是不能被控制的，而且是在偶然情况下出

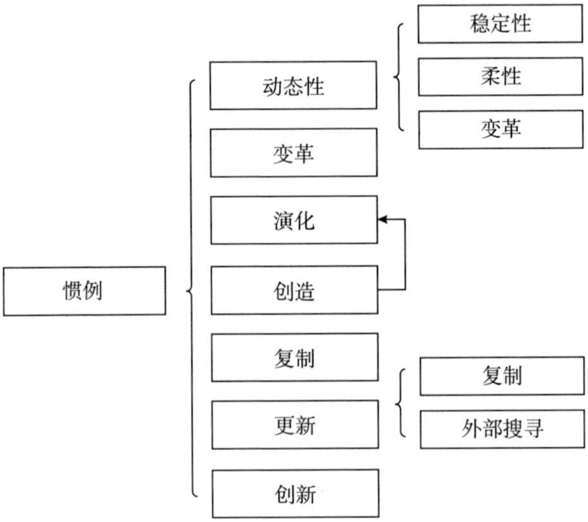

图 2-5　组织惯例的研究范围

现的，因此对物种变异的方向无法进行深度考究，自然选择的能力是对外部环境的约束，是被动的。组织惯例也是如此，基于对"自然选择"机理的反应，变异、重组和保留是组织惯例应对环境变化进程的三个过程。同物种相似，组织惯例针对环境的演化也具有连续性和渐进性，随着惯例演化的不断进行和循环往复，具有较强适应能力的惯例会得到不断创新，勇于变革，进而对环境的变化更为敏感，具有这类惯例的企业发展得也更为迅速。然而，一些不能随着环境变化而进化的惯例会不断被淘汰。基于达尔文进化论的组织惯例演化过程如图 2-6 所示。

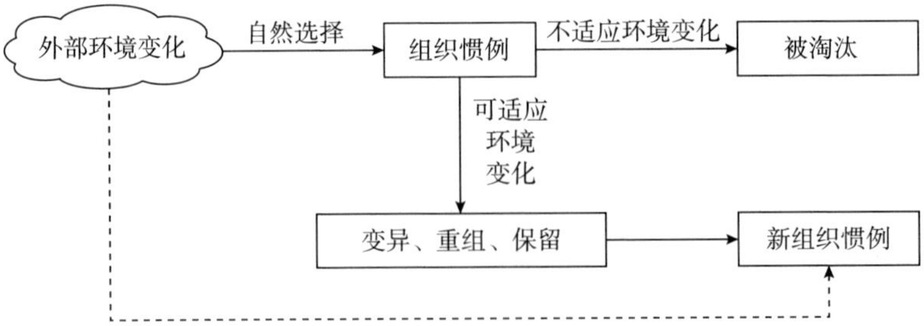

图 2-6　基于达尔文进化论的组织惯例演化过程

2. 基于拉马克主义的管理适应模型

不同于达尔文的生物进化论，拉马克主义理论认为物种的进化是物种自身有意为之的结果，与生态系统环境的变化关系不大，也就是说物种的进化是可控的、有目的的，是物种提高自身能力的必然性，具有主动性。换句话说，根据拉马克主义“用进废退”和“获得性遗传”的准则，惯例也会根据外部环境的变化，同时结合企业自己的资源条件和能力限制对外部环境变化做出回应，体现的是惯例主动参与演化的过程，从而使得企业本身能够适应环境的变化。基于拉马克主义的管理适应模型的重点是企业对于环境和变革的主观能动性，这样就确保了惯例变革（演化或更新）结果的可控性，避免随机性。同时，由于惯例具有稳定性，故而在组织惯例的演化过程中，基于达尔文进化论的自然选择模型中的惯例变异、重组、保留等会被“遗传”。基于拉马克主义的组织惯例形成过程如图 2-7 所示。

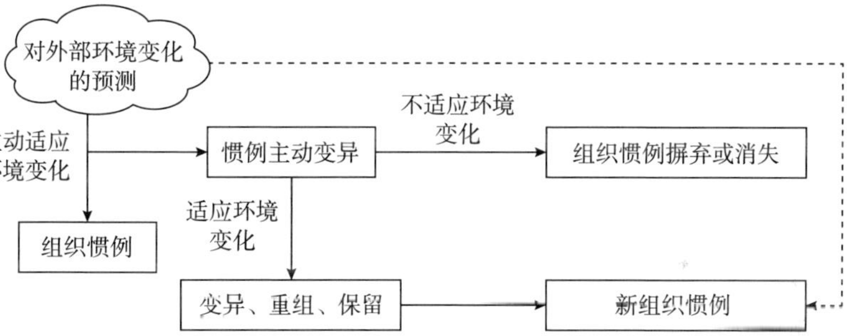

图 2-7　基于拉马克主义的组织惯例形成过程

3. 基于达尔文主义和拉马克主义的共同演化模型

在生物进化论发展的基础上，有学者对达尔文主义和拉马克主义加以融合，将其应用于惯例演化研究领域，即在考虑外部环境变化的同时综合了解惯例自身情况，二者缺一不可，主动选择和被动接受是相互关联、相互促进的（Carayannis et al.，2017）。Cohen（2012）提出，为了生存和发展，同单独考虑自然选择模型或管理适应模型比较而言，同时将外部自然选择和组织内部自适应能力加以考虑具有更加重要的意义，将促进惯例朝着更加适合环境变化的方向发展，而且二者的互动并非先天存在的，需要企业进行连续的自主选择与主动选择。基于共同演化理论的组织惯例形成过程如图 2-8 所示。

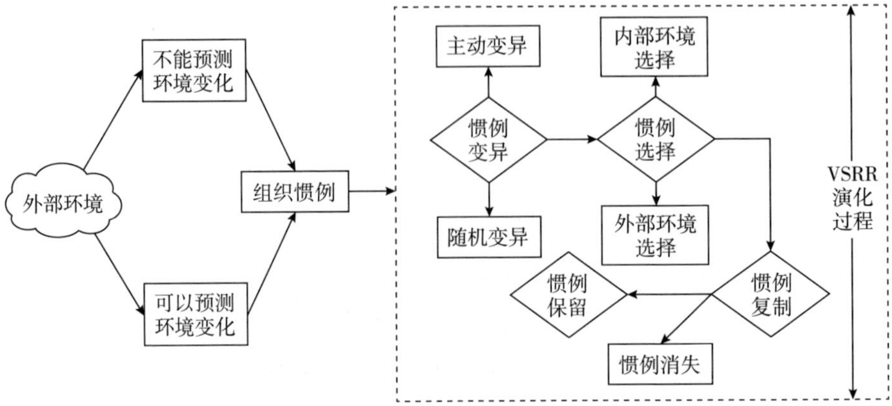

图 2-8　基于共同演化理论的组织惯例形成过程

4. 基于演化博弈理论的组织惯例演化模型

组织惯例同时包括有限理性行为和模式化行为，具备可预测性和重复性。以博弈论为基础的惯例形成模型比较普遍，着重强调企业内部不同个体之间的惯例如何形成的过程，可以被描述为特定的演化博弈问题（Gambardella，2012）。这种演化体现的是组织不断适应外部环境的学习机制，协调的博弈结构是惯例演化的依据，实现的是组织学习基础之上的共识、规范和行为之间的博弈，是一种间断性均衡演化过程，经过博弈形成的纳什均衡就是基于稳定惯例的形态，当该均衡被打破时，惯例的稳态也被破坏，经过不断地交替循环博弈，惯例会再次趋向稳定（Feldman & Pentland，2003）。基于演化博弈理论的组织惯例形成过程如图 2-9 所示。

5. 基于社会结构化理论的组织惯例演化模型

Carayannis 等（2017）认为，社会资源和社会规则共同构成了社会结构，而且由于社会结构再生产的连续性，不同行动者在参与社会结构的生产时会遵守社会规则，同时对社会资源加以利用，因为行动者对资源特别是知识资源的理解能力和识别能力较强，可应对不同的变化。无独有偶，在社会结构化理论基础上，Feldman 和 Pentland（2003）认为，惯例包括形式面和执行面，惯例的形成是形式面（表述层）和执行面互动的结果。其中，表述层惯例指导主体的行为，是对执行层惯例的一种理性约束，具备指导性和参考性，确保行动主体的行为合理

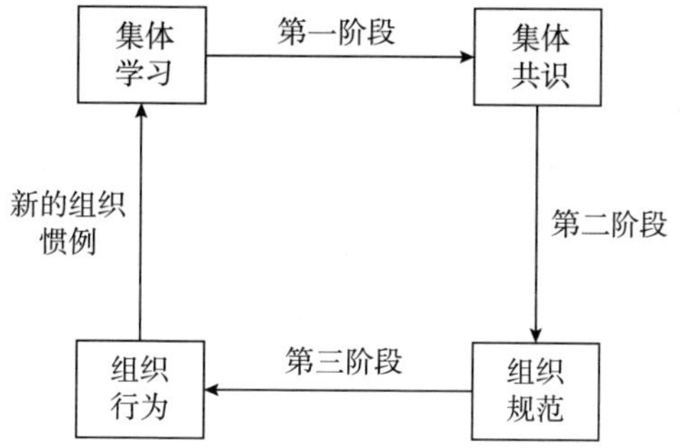

图 2-9　基于演化博弈理论的组织惯例形成过程

合法，与社会结构相对应；执行层是对表述层惯例的启用，体现为对表述层惯例的修改与再造，与行为主体相对应（Yamauchi & Hiramoto，2020）。学习行为在该过程中具有桥梁的作用，执行层惯例中的新知识通过组织学习形成新共识，表现为形式层惯例，进而在试错和不断搜寻过程中构建新的组织规范。行为主体对新规范的应用可以形成新的组织决策，是形式层惯例被应用的体现。形式层和执行层惯例的相互演化循环往复，以保证组织内部的即兴行为，从而确保惯例更新的可实现性。基于社会结构化理论的组织惯例形成过程如图 2-10 所示。

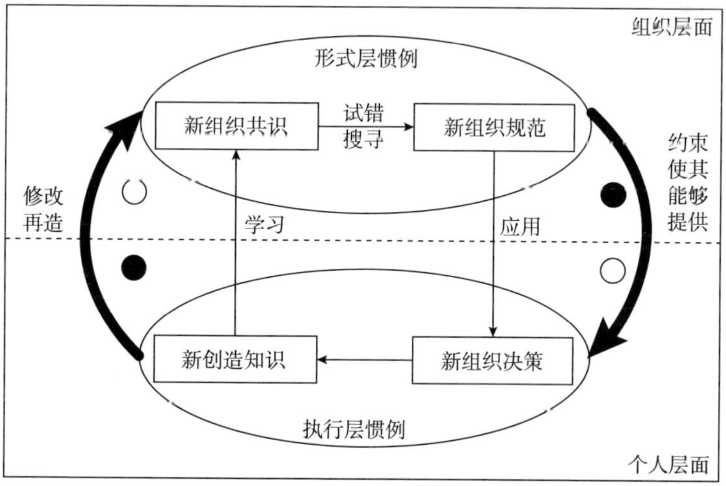

图 2-10　基于社会结构化理论的组织惯例形成过程

四、动态能力理论

（一）动态能力理论的形成与发展

动态能力的概念是在企业战略管理领域逐渐出现并发展起来的，随后企业如何获取并维持竞争优势成为管理学界的研究重点，因此，动态能力理论的研究也逐渐被学者们所重视。动态能力理论的发展进程可以总结为：资源基础观—核心能力理论—动态能力理论。

资源基础观是解释企业如何通过资源获得竞争优势的理论，认为有价值的、稀缺的、难以模仿的和不可完全替代的异质性资源才能成就企业的竞争优势。但随着创新性管理理论的进步和发展，资源基础观已经不能适应企业发展的需要。在实践界，随着市场环境动荡性的提高，异质性资源可能不再具备独一无二的特点。针对该问题，核心能力理论应运而生，认为组织能力包括一般能力和核心能力。一般能力强调对普通生产经营的影响（Wang & Ahmed，2007），核心能力强调企业根据环境变化进行产品创新的能力、对组织流程或服务进行管理的能力以及市场定位开发的能力。该理论可以进一步解释竞争优势的问题，但忽视了核心刚性和能力陷阱，难以指导企业进行有效的能力调整和资源转型（Makkonena et al.，2014）。因而，资源基础观对“如何对这些异质性资源进行动态管理”未进行详细阐述，核心能力理论对“如何获取异质性资源并对异质性资源进行有效的管理”尚未做出解释，忽视了核心能力刚性给企业竞争优势带来的弊端和阻碍。

为了弥补上述资源基础观和核心能力理论对企业竞争优势解释力度的不足，学者们提出了动态能力理论（Teece et al.，1997；Eisenhardt & Martin，2000），认为动态能力是比核心能力更高阶的能力，可以为企业在不可预见的环境中提供精准定位，并保证企业可以在确定的路径依赖和社会结构中获得持续竞争优势。动态能力是企业对资源进行识别、获取并参与重新配置的能力。随后，Teece 等（1997）对动态能力的本质内涵加以深入剖析，指出企业整合、构建以及重置外部资源以应对环境变化的能力即为动态能力，该表述被后来的学者们广泛应用并拓展。这种转变可以保证企业以快速、准确、创新的方法适应环境的变化，是“动态”特点的具体体现，保证企业发展同外部环境的一致性与协同性（Wang & Ahmed，2007）。与基础能力不同，动态能力是高于基础能力（作用于平时生产流程的能力等）的高阶能力，可以调整并提升基础能力，对消除核心刚性和能力陷阱，进而重新构建对环境变化有显著作用的核心能力有较大作用。动态能力理论是资源基础观与核心能力理论的延伸和拓展，该理论的提出对企业及时追求创新性资源，特别是创造性知识资源，以应对环境变化进而提高企业绩效具有重要影响。更加重要的是，动态能力理论的提出是对资源基础观和核心能力理论关于“资源动态管理”和“资源动态获得”等问题的有益补充，对阐释企业怎么在无法预测的环境中获取并保持竞争能力具有较大作用，对识别创新关键元素、资源和能力至关重要（Lucy & Brian，2017）。

（二）动态能力理论的应用

动态能力理论的发展与应用研究已逾 20 年，而且备受企业理论研究者的关注。通过文献梳理与总结发现，近年来动态能力理论主要应用于以下几个领域。

1. 战略管理研究领域

由于资源基础观和企业能力观不能满足企业战略管理研究的发展，新的研究理论亟须被提出并应用，以应对战略目标的设定和发展，因而最先应用动态能力理论的是战略管理领域的学者。Eisenhardt 和 Martin（2000）提出动态能力是组织惯例集合的观点，认为企业对惯例的操作和应用引导动态能力的形成。Wang 和 Ahmed（2007）指出，动态能力与战略关系的命题，为下一步动态能力与战略目标的关系研究提供理论支持。Prange 和 Verdier（2011）根据过程论和新风险理论，认为探索能力和利用能力是战略视角下动态能力的两个维度，动态能力显著地正向影响企业国际化创新绩效。Wohlgemuth 和 Wenzel（2016）利用 283 份中小企业的调研数据，结合回归分析方法，提出操作层面的能力惯例化和战略层面的能力惯例化对动态能力均具有影响，动态能力会随着组织能力惯例化的不同而变化。Monteiro 等（2017）从动态能力视角研究知识资源与组织绩效的关系，认为基于知识的战略导向引领动态能力发展。Fainshmidt 和 Frazier 等（2019）从战略匹配视角分析动态能力何时能够发挥最大效用，以促使企业绩效的提高。

国内学者李彬等（2013）根据战略管埋埋论，选取两家经济型连锁酒店作为案例研究对象，认为这两家企业在动态能力三个维度——感知、获取和转换的体现中不同，因而提出管理和创业两种动态能力的观点，并指出这两种不同种类的动态能力对操作性流程和主观性流程的影响不同。唐孝文等（2015）利用纵向案例研究方法，解释了适应动态环境变化的动态能力影响企业战略转型过程的机理模型，并对不同变量之间的关系进行分析。结果表明，在转型背景之下，环境洞察力、设计规划力、领导力以及组织学习能力是动态能力的构成元素，造成战略转型的主要原因包括准备、实施、转型整合及彼此之间的关系。简兆权等（2015）研究了战略导向对技术创新的影响，根据资源基础观与核心竞争能力理论，分析了动态能力和环境不确定性在以上关系中所起的中介及调节作用。从结果看出，战略导向正向作用于技术创新，动态能力是中介变量，环境不确定性在动态能力与技术创新关系之间具有调节效应。杜小民等（2015）从战略与创业融合的视角对动态能力的本质属性进行探讨，构建了机会与资源要素匹配对动态能力影响的逻辑体系，分析了新视角下的动态能力衍生机理。杨林等（2020）依据战略管理理论和动态能力理论，构建高管团队经验、动态能力、企业战略突变之间的关系模型，研究结论揭示了动态能力的中介效应和管理自主权的调节效应。

2. 创新管理研究领域

在应对复杂的动态环境变化方面做出最大贡献的就是企业创新行为，在创新指导的前提下，不同企业均着力制定长期发展战略，以保证企业动态能力的形成。所以，创新管理领域也将动态能力纳入研究范畴，且研究深度逐渐增加。Mc Kelvie 和 Davidsson（2009）通过对出版行业的四个案例企业的深入分析，探讨了动态能力与不同类型在线创新之间的关系，结果说明动态能力的强度不同，企业的创新结果不同。动态能力较弱的企业更加容易进行突破式创新。Zheng 等（2011）基于知识基础观把动态能力分为知识获取能力、知识创造能力以及知识融合能力，利用 SEM 模型对动态能力、网络嵌入性和创新绩效之间的关系进行研究，结果显示，网络嵌入性的不同维度可以正向作用于获取和融合能力，而且知识创造能力是识别能力和融合能力的中介变量，知识识别能力、知识创造能力和知识融合能力分别对创新绩效具有正向促进作用。Kindström 等（2013）采用多案例分析研究方法，分析了动态能力对服务创新的影响。结果表明，从以产品为导向的创新向以服务为导向的创新的转变需要动态能力（识别能力、获取能力和重新配置能力）。Lin 等（2016）对动态能力与管理创新的关系进行了研究，将动态能力分为关系能力、识别能力、吸收能力和整合能力，结果显示，关系能力可以促进识别能力、吸收能力和整合能力的提升，且动态能力的所有方面均对管理创新有明显正向影响。Chiua 等（2016）将动态能力划分为识别能力、协调能力、自治能力和重新配置能力，研究动态能力的不同维度与突破式创新之间的关系。结果表明，识别能力是协调能力和自治能力的前因变量，协调能力和自治能力在识别能力与重置能力之间起中介作用，重置能力直接影响突破式创新。Ringov（2017）基于创新管理理论分析了与动态能力有本质关联的关键要素，为提升绩效提供方向。Zhou 等（2019）研究了动态能力对组织绩效的影响，其中技术创新和市场创新作为中介变量影响两者的关系。Ilmudeen 等（2021）则从感知、协调、学习、整合与重新配置几个方面分析动态能力，将产品创新、流程创新和管理创新作为动态能力不同维度与组织之间的中介变量，讨论了动态能力、企业创新与组织绩效之间的本质联系，对动态能力理论在创新管理领域的应用影响重大。

国内学者汪秀婷和程斌武（2014）基于资源整合、协同创新及动态能力等理论，通过对上汽通用五菱汽车股份有限公司实际案例的梳理和分析，探究了资源整合、协同创新及动态能力之间的耦合关系，解释了动态能力的形成机制。研究结论对中外合资企业增强企业动态能力和创造竞争优势提供借鉴。江积海和刘敏（2014）在研究中将动态能力分为广度、深度、演化速度以及交互度四个维度，从空间和时间相结合的角度对动态能力的演化进行剖析，并在此基础上表述了不同维度的动态能力与绩效等变量的关系。分析表明，四个维度都显著正向影响企业绩效，而且环境动荡性在该模型中具有调节作用。彭新敏和姚丽婷（2019）结合对海康威视 2001~2017 年的纵向案例研究，揭示了后发企业通过动态能力实现技术追赶的过程。该研究指出，后发企业在动态能力的支撑下，感知技术范式转变带来的机会窗口，并通过捕捉和重构能力整合企业内外部资源，实现了从初始追赶向行业前沿的跨越。同时，在技术转变范式过程中，组织内外知识资源的整合需要动态能力的支撑，企业也需要根据机会窗口的性质促使动态能力演化。肖鳃等（2019）在资源与机会互动的基础上，分析动态能力不同的企业遗产对品牌资产和持续竞争优势的影响差异。实证检验结果发现，动态能力强的企业的传统创业精神对品牌资产的影响会被削弱。因而，对于处于成熟期的公司来说，它们应该具备分辨动态能力强弱的技能，因为动态能力代表的是公司对战略的掌控力度，通过识别过程，可以明确公司自身的战略目标。

3. 组织学习研究领域

在公司动态能力不断推进的过程中，公司面临的新问题也逐渐显现，这就要求管理人员制定应对措施。例如，利用试错等方法学习外部经验，以提高企业应对不断变化的外部环境的能力。因而，动态能力理论在组织学习研究领域的应用逐渐被学者们接受。Zollo 和 Winter（2002）从组织学习视角研究动态能力的形成机制，认为组织学习是企业获取经验性知识、编码性知识的重要渠道，通过分析组织学习机制在动态能力进化过程中的作用，强调了组织学习对动态能力不同方面的作用方式。Zahra 等（2006）根据行为科学理论和组织学习理论，将组织学习应用到创业企业动态能力的形成机制内，认为不同成员之间、不同部门之间甚至不同企业之间的关系将受到创业导向的影响，而后新创企业承担风险的能力也会被提高。Chien 和 Tsai（2012）利用 132 份中国台湾快餐行业的调研数据分析知识资源和组织学习对动态能力的影响，研究结果表明组织学习和知识对动态能力的影响显著，且组织学习在知识与动态能力之间起到中介效应，这对动态能力在组织学习领域的应用研究有较大影响。Tallott 和 Hilliard（2016）采用单一纵向案例的研究范式，锁定动态能力的内部结构研究，探索了促进环境变化和动态能力变化的条件，结果显示组织学习对动态能力的不同构面均有作用。Schilke 等（2018）根据对动态能力的综述，指出组织学习等是提高动态能力的关键要素。

国内学者魏江和焦豪（2008）对创业导向、组织学习、动态能力的概念及测量进行深入分析，探讨企业在强化创业导向的基础上提升组织学习能力的机制，构建三者之间关系的概念模型并对模型进行验证，从而构建并发展适应环境变化的动态能力的内在逻辑。葛宝山等（2016）利用 275 份问卷数据，探讨创新文化、组织学习和动态能力之间的关系，研究结果表明，在不考虑其他因素的情形下，创新文化和双元学习（探索式学习和利用式学习）对动态能力均具有显著正向影响，而且双元学习可以在创新文化和动态能力之间起到中介作用。卢启程等（2018）分析组织学习和知识管理对创新的影响，考察了动态能力在战略学习与创新之间的中介作用。研究发现，组织学习和知识管理的不同方面对创新的影响不同，动态能力是组织学习、知识管理与创新之间的中介变量。

4. 知识管理研究领域

除了上述在战略管理、创新管理、组织学习等领域的应用之外，动态能力理论在知识管理研究领域也有广泛的应用。Bergman 等（2004）通过对工业知识网络场景中的知识创造和知识共享的管理，描述了动态能力在知识管理领域的应用情况，即在商业机会不断增加和全球竞争不断加剧的情况下，动态能力成为主动参与知识管理的重要工具，特别是对隐性知识的管理来说，动态能力是知识网络中创建并共享面向未来隐性知识的工具。Cepeda 和 Vera（2007）利用西班牙信息技术产业的 107 家企业的问卷调研数据，研究了基于知识管理过程的动态能力对于一般性的操作性能力的影响机理并进行了实证检验。结果表明，组织目标和价值定位对期望知识配置有显著正向影响，期望知识配置对知识管理设施情况和可用知识配置分别具有显著正向影响，可用知识配置对操作性能力具有正向作用。Denford（2013）通过大量文献梳理，根据知识基础观和类型学研究方法，对动态能力的演化进行研究，研究结果表明，动态能力是组织惯例化的结果，其基础是知识资源。Peteraf 等（2013）基于知识基础观研究了知识资源对动态能力的影响，在研究中将智力资本作为知识资源的一部分，同时将动态能力分为识别能力、学习能力、整合能力以及协调能力四个方面，利用跨层次的研究方法，分析了陈述性知识和程序性知识分别与动态能力的关系，结果显示，所有的假设关系均得到验证。Tsai 等（2015）基于对关键知识管理活动和动态能力的综合述评，强调知识管理过程能够编译成动态能力。在理论分析的基础上，可以将动态能力归结为三大类九小类知识管理过程的编译，其中知识发展过程包括知识创造、知识获取、知识抓取，知识（再）融合包括知识同化、知识分享，知识利用包括知识整合、知识应用和知识探索。Hilliard 和 Goldstein（2019）结合知识管理理论和惯例基础理论，引用案例分析方式，探究利用搜寻惯例识别并测度动态能力的过程，是对动态能力理论的拓展。Bitencourt 等（2020）则利用元分析的方法探究了知识管理相关过程对组织绩效的影响，其中动态能力起到中介作用。

耿新和张体勤（2010）根据社会资本理论和动态能力理论，构建企业家社会资本和企业动态能力的关系模型，并将组织资源富裕程度作为调节变量。得出的研究结论认为，社会资本正向作用于动态能力，组织宽裕水平调节社会资本和动态能力之间的关系。张钢和王宇峰（2012）以中国高新技术企业为数据调研样本进行实证研究，结论指出企业创新活动的基础是动态能力，而动态能力的认知基础和结构基础分别是知识资源和组织模块性，动态能力在组织模块性、知识资源分别与创新绩效之间的关系中具有中介效应。金昕和陈松（2015）利用214家中国知识密集型服务企业的样本数据，实证检验了知识源广度和深度及其平衡影响探索式创新绩效的过程，验证了动态能力在两者之间的中介效应。黄海艳和武蓓（2016）研究交互记忆系统、动态能力与创新绩效的关系，实证分析结果说明，交互记忆系统和成长绩效之间的中介变量是动态能力。朱晓红等（2019）利用双案例分析方法，基于动态能力理论分析了知识经济背景下平台企业的构建过程及创新模式，研究表明，动态能力三维分析框架"位势—过程—路径"能够有效解析迭代创新的循环过程，迭代创新模式演化影响平台型企业动态能力的提高。

第二节　相关文献综述

一、社会资本的相关研究

（一）社会资本的含义

由于学者们所处的研究背景和研究条件的差异，目前对于社会资本的定义尚未得出统一结论，造成了社会资本概念的多元化。因此，有必要对社会资本的内涵进行界定，由于本书的研究属于管理学范畴，故而该定义是从管理学的视角进行规范的。在阅读大量文献的基础上，对管理学界关于社会资本的定义进行整理，总结出三个不同的视角界定社会资本的内涵。第一，资源论视角。从该角度分析社会资本的学者认为内嵌于社会网络关系内部的资源就是社会资本，且这类资本具有可使用性和可获得性（Nahapiet & Ghoshal，1998；Lin et al.，2001；Filieri & Alguezaui，2014）。第二，能力论视角。学者们指出社会资本是社会网络的子集，在社会网络中，由不同行为主体之间的联系所创造的、实际存在的，或者未来可以预测到的资源集合称为社会资本。这种定义强调了不同参与者摄取资源的能力，能够为参与者提供特定的关系资源（Liu et al.，2018）。第三，制度论视角。学者们指出，限制行动主体行为的一系列组织规范和价值体系就是社会资本，在某种程度上这类界定强调了社会资本是约束其他行为主体的一整套价值观念，主要从信任、规范、准则等方面来论述（Coleman，1988；Putnam，1995；Ortiz et al.，2018；Cummings et al.，2019）。在后续研究中，学者们大多延续Nahapiet和Ghoshal（1998）的界定对社会资本的内涵进行补充和完善，在强调社会资本资源观的基础上，也丰富了社会资本的能力论和制度论，并取得了代表性成果。根据已有研究，对国内外学者关于社会资本的界定做如下总结（见表2-2）。

表2-2　不同学者对社会资本含义界定汇总

作者	观点
Bourdieu（1986）	个人或集体投资策略产物，旨在建立长短期直接可用的社会关系
Coleman（1988）	人们为了团体和组织的共同目标而一起工作的能力
Portes（1995）	个体或组织资源获取能力，嵌入不同主体间的社会网络关系中
Nahapiet和Ghoshal（1998）	可嵌入在个体以及社会团体网络关系中的现实和潜在的资源总和
Lin等（2001）	行动者在行动中获取和使用的嵌入社会网络中的资源
Adler和Kwon（2002）	不同主体之间构成的社会结构和内容，可以为行动者提供信息
Lang（2004）	存在于特定功能的社会关系中的资源
Hoffman等（2005）	信息渠道、社会规范、身份、义务和期望等
Mc Elroy等（2006）	增强社会系统中个人和集体行动潜力的知识和资源
Wu（2008）	企业关系网络中不可模仿的、创造价值的资源，可使人们从中受益
Alguezaui和Filieri（2010）	公共或私人产品，流入社会并使所有个体受益的即为公共社会资本，私有财产是指个体从社会网络中获得的潜在商品
Ana等（2011）	实际资本和潜在资本的总和
Martínez-Cañas等（2012）	个人或社会单位拥有的关系网络中所包含的、通过该网络可获得的实际资源和潜在资源的总和，同时还包括可调动的资产
Mura等（2013）	组织内部人际关系的模式
Filieri和Alguezaui（2014）	存在于网络关系中的所有资源，载体是个人或组织
Aribi和Dupouët（2015）	社会资本代表非正式的关系网络和通过这些网络获取的知识，这些资本既代表了网络，也代表了可以通过网络获取的知识
Bharati等（2015）	社会媒体进行外部联系的结果即为社会资本，可帮助企业提高整体知识库存的质量
Liu等（2018）	既包括已实际存在的资源，且包括具有潜力的资源，这些资源与社会制度、社会结构等有较大关联

续表

作者	观点
Suseno（2018）	源自社会网络关系的资本集合，使行动者无论是个人、团体、团队或组织能够协调行动，以获得利益、实现期望的结果
Ortiz 等（2018） Cummings 等（2019）	社会资本包括企业社会环境的各个方面，如相互作用的社会关系（结构）、信任关系（关系）以及网络成员（代理人）发展出来的
姚瑶和左斌（2012）	体现社会成员在社会网络关系中特点的资源就是社会资本，着重解释不同社会成员之间的联结方式、联结结构以及联结强度等
王雷（2013）	社会资本被认为是集群内的产物，其形成动力来自集群内相似的文化背景、密切的产业关系、共同的技术基础以及邻近的关系
朱慧和周根贵（2013）	提供组织参与外部合作机会的资源
刘寿先（2014）	以信任为基础的社会关系的总和，既有潜在的，又有实际存在的
曹勇和向阳（2014）	社会资本包括关系网络和网络结构两个维度
韦影和王昀（2015）	根据社会关系和结构而存在的虚拟资源和实际物质
刘学元等（2016）	由不同行为参与者构成的获取外部资源的网络关系节点
林筠等（2017）	一种依赖社会网络而存在的特殊资本
熊捷和孙道银（2017）	起源于社会网络，拓展至社会结构，是组织识别、获取、吸收并利用外部知识资源的渠道
郑大庆等（2020）	从社会网络关系中获取的实际或潜在资源的总和

资料来源：根据已有研究整理。

（二）社会资本的维度

对于参与实证研究的变量来说，对其量化的基础便是维度的划分。随着社会资本在管理学研究领域的逐渐白热化，关于不同社会资本维度的研究逐渐得到学者们的重视，针对社会资本维度划分方式提出了许多见解。已有社会资本维度划分研究可总结为两种：结构视角的划分方式和网络视角的划分方式。

具体来说，从结构视角剖析社会资本维度的研究者认为，基于社会资本对社会产生作用的不同方式、作用类型以及互动机制的差异，可以对其进行分类，不同类型的社会资本会组成社会结构。国外学者 Granovetter（1973）、Nahapiet 和

Ghoshal（1998）、Martínez-Cañas 等（2012）、Bharati 等（2015）、Holsapple 等（2015）、Ortiz 等（2018）、Li 等（2019），以及国内学者刘寿先（2014）、蒋天颖等（2010）、许晖等（2014）、唐朝永等（2014）、刘力钢和刘建基（2017）、熊捷和孙道银（2017）、戴万亮等（2019）、王晓红等（2020）在各自的研究中，均从结构型（Structural）、认知型（Cognitive）以及关系型（Relational）三个角度对社会资本进行维度划分，同时，这些相关的研究也都基本分布于企业知识管理领域或企业创新管理研究领域；国外学者 Coleman（1988）、Wu（2008）、Yen 等（2015）、Suseno（2018）在研究中也将社会资本分为关联性、共同理解和信任等，但三者的本质属性分别同属于结构型社会资本、认知型社会资本和关系型社会资本三个方面。

一般来说，若从网络的角度分析社会资本的类型，学者们普遍从组织外部和组织内部两个层面对其进行探讨，即外部社会资本（External Social Capital）与内部社会资本（Internal Social Capital）两类（Hoffman et al.，2005；Ana et al.，2011）。存在于不同企业之间、具有社会网络属性、有助于企业识别外部有利知识的资源被称为外部社会资本。存在于组织内部不同成员之间甚至是组织不同部门之间的资源，如员工之间的合作、相互信任关系等是内部社会资本，这类社会资本有助于强化企业内部的沟通与协作，提高组织凝聚力。Alguezaui 和 Filieri（2010）将社会资本分为稀疏网络（Sparse Network）和密集网络（Dense Network）。韦影和王昀（2015）认为，社会资本包括外部层面、团队层面和个人层面三个维度。刘学元等（2016）基于供应链视角，认为供应商、企业和顾客是社会资本的三个不同载体。戴万亮等（2012）、王雷（2013）、林筠等（2017）在研究中均将社会资本划分为外部社会资本（桥接型）和内部社会资本（连接型）两类。

通过对国内外学者关于社会资本维度划分的总结（见表 2-3）可以发现，虽然很多学者对社会资本的维度进行了研究与划分，但最受学者们欢迎的仍然是在知识管理研究领域较为流行的 Nahapiet 和 Ghoshal（1998）的三维度划分范式，即结构型社会资本、认知型社会资本、关系型社会资本。从网络视角将社会资本划分为外部社会资本（桥接型）和内部社会资本（连接型）的研究虽然较多，但并非主流研究。

表 2-3 社会资本维度划分总结

作者	维度	研究领域
Nahapiet 和 Ghoshal（1998）	结构社会资本、关系社会资本和认知社会资本	知识管理
Wu（2008）	重复交易、网络关系、信任	信息共享
Carrillo 和 Webb（2008）	连接型社会资本（内部）、桥接型社会资本（外部）、关系型社会资本（上下级）	知识管理
Alguezaui 和 Filieri（2010）	结构（密集网络和分散网络）、关系、认知	知识管理
Martínez-Cañas 等（2012）	结构社会资本、关系社会资本和认知社会资本	知识获取
Bharati 等（2015）	结构社会资本、关系社会资本和认知社会资本	知识管理
Yen 等（2015）	关系、信任、规则	知识共享
Zhao 等（2016）	信任、网络密度、共同语言	知识创造
Van Dijk 等（2016）	结构社会资本、关系社会资本和认知社会资本	知识共享
Liu 等（2018）	结构社会资本和认知社会资本	战略管理
Kannadhasan 等（2018）	结构、关系和认知	企业创新
Ortiz 等（2018）	结构社会资本、关系社会资本和认知社会资本	知识管理
Suseno（2018）	结构社会资本、关系社会资本和认知社会资本	知识管理
Wiersema 等（2018）	地理关系、雇佣关系、知名联系、关系资本	知识管理
Johnson 等（2018）	可接受性、可到达性、丰富度、弱关系	知识管理
Li 等（2019）	结构维度、认知维度、关系维度、交流维度	创新管理
Stephanie 等（2019）	共享语言、共享意愿、互惠规范、社会信任	创新管理
蒋天颖等（2010）	结构社会资本、关系社会资本和认知社会资本	知识管理
戴万亮等（2012）	内部社会资本（结构、关系、认知）	产品创新
王雷（2013）	外部社会资本（结构、关系、认知）	创新管理
曹勇和向阳（2014）	关系网络、网络结构	知识整合
许晖等（2014）	结构社会资本、关系社会资本和认知社会资本	动态能力
唐朝永等（2014）	结构社会资本、关系社会资本和认知社会资本	知识管理
韦影和王昀（2014）	外部社会资本、团队社会资本、个人社会资本	知识转移
刘寿先（2014）	社会互动、网络中心性、内部联系、外部联系	组织学习
林筠等（2017）	结合型社会资本和桥接型社会资本	知识整合
刘力钢和刘建基（2017）	结构社会资本、关系社会资本和认知社会资本	知识共享
熊捷和孙道银（2017）	结构社会资本、关系社会资本和认知社会资本	知识获取
张生太和刘露露（2018）	结构社会资本、关系社会资本和认知社会资本	知识管理
戴万亮等（2019）	结构社会资本、认知社会资本和关系社会资本	创新管理
简佩茹（2019）	认知维度、关系维度、结构维度	创新管理
王晓红等（2020）	结构社会资本、关系社会资本和认知社会资本	知识整合

资料来源：根据已有研究整理。

（三）社会资本的前因和结果变量

随着社会资本概念的提出和维度划分标准的拓展，学者们逐渐认识到应该将社会资本视为一个整体，同时不同类型社会资本的影响因素及其结果变量的研究需要重点分析，本书总结关于社会资本前因和结果的相关研究如表 2-4 所示。在表 2-4 中，当社会资本作为输入变量时，对知识管理的过程（知识识别、知识共享、知识整合、知识转移、知识吸收、知识创造、知识获取、知识应用）、企业创新绩效、创新行为、竞争优势、智力资本、创业导向、动态能力等产生影响，当社会资本作为结果变量时，受到组织间关系、社会媒介、雇佣关系、组织文化调整、知识治理、知识共享、制度距离等因素的影响。可以看出，当社会资本作为结果变量时，对其造成影响的因素一般较为宏观。社会资本有时还可以作为调节变量调节知识共享与创新行为之间的关系，或者调节制度距离与知识转移之间的关系。此外，社会资本还与核心能力、组织学习、知识溢出、个体间相互作用、知识异质性等有密切关系。

表 2-4 社会资本的相关研究总结

作者及研究性质	输入变量	中介变量	调节变量	结果变量
Lang（2004） 理论研究	社会资本 社会环境交互	无	无	知识整合能力
Wu（2008） 实证研究	社会资本	信息共享	无	竞争优势
Anssi（2008） 理论研究	社会资本	知识交换 知识融合	无	智力资本
Martínez-Cañas 等（2012） 实证研究	社会资本	知识获取	无	企业创新
Mura 等（2013） 实证研究	知识共享	无	关系社会资本	创新行为
Filieri 和 Alguezaui（2014） 实证研究	结构社会资本	无	无	知识转移过程
Bharati 等（2015） 实证研究	社会媒介	社会资本	无	知识管理 知识质量
Yen 等（2015） 实证研究	社会资本	无	无	知识共享
Zhao 等（2016） 实证研究	社会资本	知识创造	无	组织成员持续目的

续表

作者及研究性质	输入变量	中介变量	调节变量	结果变量
Van Dijk 等（2016） 实证研究	社会资本	无	无	知识共享过程 知识共享质量
García-Villaverde 等（2018） 实证研究	认知社会资本	无	知识吸收能力	创业导向
Ortiz 等（2018） 实证研究	结构社会资本	认知社会资本 关系社会资本	无	知识识别能力 知识获取能力
Lee 等（2018） 实证研究	跨文化调整	社会资本	无	动态能力发展
Suseno（2018） 实证研究	所有顾客的 知识获取	社会资本	无	专有顾客知识获取
Stephanie 等（2019） 实证研究	（集体） 社会资本	无	无	个人归属感 个体相互作用
Pao 等（2020） 实证研究	（团队） 社会资本	无	无	集体知识创造
蒋天颖等（2012） 实证研究	社会资本	知识管理能力 （转移、共享、 整合、创造）	无	核心能力
戴万亮等（2012） 实证研究	内部社会资本	知识螺旋	无	产品创新
王雷（2013） 实证研究	外部社会资本	知识溢出 学习效应	无	创新绩效
唐朝永等（2014） 实证研究	社会资本	失败学习	无	创新绩效
曹勇和向阳（2014） 实证研究	知识治理	社会资本	吸收能力 知识整合	员工创新行为
刘寿先（2014） 实证研究	结构社会资本	组织学习	无	技术创新
赵晶和汪涛（2014） 实证研究	社会资本	移情作用	无	知识创造
刘学元等（2016） 实证研究	社会资本	无	知识获取	创新绩效
刘力钢和刘建基（2017） 实证研究	社会资本	知识共享	无	动态能力
熊捷和孙道银（2017） 理论研究	社会资本	技术知识获取	无	技术创新
林筠等（2017） 实证研究	社会资本	知识整合	无	双元创新
王淑敏和王涛（2017） 实证研究	社会资本	无	知识基础 战略导向	企业自主创新

续表

作者及研究性质	输入变量	中介变量	调节变量	结果变量
黄宇虹和捷梦吟（2018） 实证研究	关系	社会资本	无	创新活力 创新效率
张生太和刘露露（2018） 实证研究	社会资本	无	无	知识共享
戴万亮等（2019） 实证研究	内部社会资本	二元学习	知识异质性	研发团队创造力
王晓红等（2020） 实证研究	社会资本	团队认同	任务互依	知识整合

资料来源：根据相关研究整理。

（四）社会资本研究述评

国内外学者将知识管理理论和社会网络理论引入社会资本的讨论之中，对该概念的来源、含义、维度等进行了大量研究，经历了近 20 年的发展，社会资本的含义和结构已经比较清晰，且研究成果丰硕。社会资本的含义已经完全超越了传统资本的概念意义，是学者们解决社会问题的新方法和新理念。这些观点推动着社会资本理论的快速进步与发展，但由于社会资本理论研究的瞬时性和背景性，仅从已有研究来看，仍然存在以下两点不足之处：

第一，学者们对社会资本研究的重视时间较晚，特别是社会资本理论在知识管理研究领域的应用也是从近十几年开始的。因而，“社会资本”一词在知识管理领域的研究尚属于最初阶段，与之相对应的文献不多，完善系统的分析系统还未建成，对社会资本前因和结果等元素的分析仅局限于知识共享、企业的创新行为、知识转移、知识整合、知识获取这些方面，而关于社会资本对其他变量，尤其是对由企业日常生产经营活动而触发的有价值的行为影响的研究较少，特别是知识创造作为新知识的源头，对其影响机制和可能存在的边界条件的探索更为浅薄。第二，无论外部社会资本还是内部社会资本，都能够被解构为结构、认知和关系三个层面，且三个维度与知识管理相关过程的关系也有涉及，现有研究认为社会资本的三个维度之间不存在任何联系，忽视了社会资本的内部结构。社会资本理论是比较广泛的，根据社会交互原则，社会资本三个不同方面之间是否具有一定的联系，三者之间的关系是对立、平行、互相补充，还是相互关联的？该问题需要深入探索，而且三者对知识创造的影响路径的研究值得重视。因此，现有对社会资本内部结构的研究不够深入与全面，且未将社会资本不同维度与知识创造纳入相同的研究体系，关于社会资本的整体研究匮乏。

综上，本书将社会资本归纳为结构型、认知型和关系型三种，不同维度之间的内在关系研究以及三者分别对知识创造的影响路径研究将成为未来丰富社会资本理论的重要选项，解释其中的作用机制以及应该存在的边界条件也是十分必要的。通过本书的研究，理论研究者对社会资本的认识将被加深，同时社会资本理论能够逐步完善，引起企业对不同社会资本的重视，从而有利于企业更好地获取并利用社会资本进行知识创新，对推进动荡环境下的企业创新具有重要意义。

二、知识创造的相关研究

（一）知识创造的含义

研究表明，对于任何一个企业来说，若不能及时创造新知识，企业便会止步不前，甚至消失殆尽。因而对于具有长远发展目标的企业，知识不仅需要被加工应用，而且需要被再次创造，以实现知识的更新与企业战略的匹配。通过对有关知识创造文献的梳理和总结发现，知识创造是一个综合性概念，它同参与知识创造的本体及其所处的环境密切相关，而且在企业的服务或者产品创新中得以体现。在总结国内外文献的基础上，根据参与知识创造的知识来源，整理了知识创造的两个层次：一是仅利用组织内部资源创造知识的过程，即内部知识创造；二是利用组织外部资源和内部资源的结合进行的知识创造，即组织间知识创造。

一方面，利用企业原来就存在的知识，以对不同类型的知识重新归类、排列组合等方式获得新知识被称作内部知识创造。Nonaka 等（2000）通过研究指出，企业整体上发现、转化、传递、应用新知识的过程即为知识创造，并提出以显性知识和隐性知识互相转化为基础的 SECI 模型。随后，在 SECI 模型将知识分为显性知识和隐性知识的基础上，Scharmer（2001）把隐性知识又分为两类，即自我超越的隐性知识和物化的隐性知识，因此，创造性地提出知识创造的双重螺旋模型，认为知识创造是上述三种知识相互转化的结果。Smith 等（2005）将知识创造定义为通过专利发明、经验分享、培训学习等方式发现新知识、产生新知识的过程，这些知识通过组织传播，在产品或服务中得以具体化，是持续性的过程。Wang 等（2011）指出，内部知识创造是以原来的知识为基础，根据员工特长、部门特点和性质，采用某种既定方式将员工或部门重新配置的过程。在该过程中所有员工有共同的目标，新知识得到不断更新。赵健宇和李柏洲（2014）则从新达尔文进化论的角度将知识创造归结为变异、选择和保留三个阶段。Barker（2015）认为，基于目标驱动在动态、无序、无规则的行动中得以实现的知识创新过程叫作知识创造，能够弥补能力刚性和组织惰性的不足。Suorsa（2015）对知识创造的表述较为简洁，认为企业内部员工之间的沟通与交流就实现了知识创造，因为在沟通中实现了互相学习。

另一方面，国外学者 Camisón 和 Forés（2010）指出，企业在与外部的组织（如供应商、高等院校等）合作的基础上实现的知识创造可以称为组织间知识创造。Maruo 等（2012）在研究公司与客户之间的供求关系时，对知识创造机制加以解释，指出企业要实现有效的知识创造需要根据客户对于新产品需求的反馈。Ronald 和 Andreas（2015）研究指出，外部知识资源特别是多种类型知识的获得对知识创造十分关键，而且外部环境变化驱使组织不断创造新知识，即所谓的为了应对变化才进行知识创造。Liao 和 Phan（2016）在分析企业不同的战略联盟者信息过程中，认为组织间知识是影响知识创造的重要元素，提出了联盟网络中经销商、竞争者、供应商甚至是顾客作为外部知识源泉的重要性。Milosevic 等（2018）认为，知识创造的实质就是对各种知识的协调与整合过程。

综上所述，为了应对企业自身发展不同时期外部环境变化所引发的各种情况，企业不断收集外部社会资源、结合内部资源、整合新旧资源以创造新知识的各种活动的总称可以称为知识创造，这是对知识创造的综合理解。需要特别注意的是，随着知识创造行为的扩散，很多新观点被提出、新知识被创造，但是只有这些新知识被应用并被转化为技术创新、产品创新、服务创新时才称得上是成功的知识创造，因为知识创造具有延展性、再生性和独特性。

（二）知识创造的维度

虽然学者们对该变量的维度展开了广泛研究，并获得了富有价值的研究成果，但关于知识创造的维度研究并不深入，多数从知识创造过程、层次、知识属性等视角加以剖析。Matusik 和 Heeley（2005）从过程视角提出识别、获取、创新及应用是知识创造的四个维度。Collins 和 Smith（2006）在研究中将知识创造分为知识交换和知识融合两个维度（Shu et al.，2012）。Atherton（2013）根据知识属性，认为知识创造应该包括显性和隐性两个层面。有演化轨道的路径依赖式知识创造为显性的，对应渐进式创新；能够做出彻底改变的知识创造为隐性的，对应突破式创新。Chandrasekaran 和 Linderman（2015）在研究高新技术企业科研团队知识创造情况时，将知识创造划分为客观性与主观性两个维度。Su 等（2016）在研究知识创造与创新之间的关系时，将其分为跨组织的知识创造和组织内部知识创造两类；Kaba 和 Ramaiah（2017）在研究中以知识特点为铺垫，认为组织、技术和产品方面的知识创造具有研究价值。Muthuveloo 等（2017）根据知识创造的过程，指出可以将知识的社会化、外部化、融合化、内部化作为知识创造的构成部分；Jiang 等（2019）认为，知识创造的源头是个人，因而将知识创造分为个人、团队、组织三个层面。对知识创造维度的总结如表 2-5 所示。

表 2-5 知识创造维度划分总结

作者	维度	研究领域
Matusik 和 Heeley（2005）	知识识别、知识获取、知识创新和知识应用	产品创新
Collins 和 Smith（2006）	知识交换、知识融合	创新管理
Akiran（2009）	个人知识创造、团队知识创造、组织知识创造	知识管理
Shu 等（2012）	知识交换、知识融合	创新管理
Atherton（2013）	显性知识创造和隐性知识创造	企业创新
Chang 等（2014）	知识社会化、外显化、融合化、内生化	产品创新
Chandrasekaran 和 Linderman（2015）	客观性知识创造、主观性知识创造	知识管理
Zhao 等（2016）	知识外部化、知识融合化	创新管理
Su 等（2016）	跨组织的知识创造、组织内部知识创造	创新管理
Muthuveloo 等（2017）	知识社会化、知识外部化、知识融合化、知识内部化	组织绩效
Kaba 和 Ramaiah（2017）	组织知识创造、技术知识创造、产品知识创造	企业创新
Cauwelier 等（2019）	团队层知识创造	知识管理
Jiang 等（2019）	个人、团队、组织三个层面的知识创造	创新管理

资料来源：根据已有研究整理。

从表 2-5 可以看出，虽然有学者对知识创造进行维度划分，但根据已有研究，多数涉及知识创造的文献并未对其进行分类，大部分以知识创造能力、知识创造行为、知识创造过程等为变量进行研究。这是因为：若从能力角度定义知识创造，知识创造则被分为创新能力或更新能力，与创新能力类似，模糊研究结果。若从过程角度定义知识创造，则知识创造可能被分为产品创新、服务创新，与企业创新类似。若从行为角度定义知识创造，同时将其分为不同的维度，会增加行为的复杂性，而已有的相关研究中并未发现较多多维知识创造的实证研究。因此，本书不考虑知识创造的多维度情况。

（三）知识创造的前因和结果变量

现有关于知识创造的文献多数从个体、团队、组织三个层面分析前因和结果变量。其中，与知识创造有关的前因主要包括不同层面的社会资本、社会资本的不同构面、组织学习、组织文化、企业导向、企业战略以及领导能力等，知识创造的结果变量重点包含创新绩效、创新能力、动态能力等，具体总结如表 2-6 所示。总而言之，知识创造既可以做前因变量和中介变量，也可以做因变量。在本书中，知识创造以结果变量的形式存在。

表 2-6　知识创造的相关研究总结

作者及研究性质	输入变量	中介变量	调节变量	结果变量
Smith 等（2005） 理论研究	质量管理	知识创造	无	企业绩效
Popadiuk 和 Choo（2006） 实证研究	知识创造	无	无	利用式创新、 探索式创新
Tsai 和 Li（2007） 实证研究	新企业战略	知识创造	无	新企业绩效
Li 等（2009） 实证研究	企业导向	知识创造	无	企业绩效
Carrillo 等（2009） 案例研究	知识吸收能力	无		知识创造
Wang 等（2011） 实证研究	组织文化		无	知识创造能力
Von Krogh 等（2012） 理论研究	领导能力	无	无	知识创造
Zelaya-Zamora 和 Senoo（2013） 实证研究	管理影响、 组织资源	知识创造能力	企业规模	创新绩效
Tseng 和 Pai（2014） 实证研究	知识搜寻、 知识溢出	无	无	知识创造能力
Lloria 和 Peris-Ortiz（2014） 理论研究	联结位置、 网络设计、 创新团队、 工作团队	目的、自主、 动荡、冗余、 多样性、信任	无	知识创造

续表

作者及研究性质	输入变量	中介变量	调节变量	结果变量
Khedhaouria 和 Jamal（2015）实证研究	学习导向、知识源	知识再利用	无	知识创造
Zhao 等（2016）实证研究	社会资本	知识创造	无	成员持续使用意向
Beatriz 等（2016）实证研究	知识创造、企业规模	知识吸收能力	无	渐进性创新、突破性创新
Su 等（2016）实证研究	知识创造	无	技术动荡性和竞争密度、不良竞争和政府支持	创新绩效
Kao 和 Wu（2016）实证研究	创造模式、社会网络模式	知识创造过程	无	创新绩效
Liao 和 Phan（2016）实证研究	结构洞中网络和位置的丰富度	无	获取、整合、技术多样性	企业知识创造
Cannatelli 等（2017）理论研究	分散式领导能力	无	无	知识创造能力
Hong 等（2017）实证研究	学习型文化、知识复杂性	知识创造	无	团队绩效
Jacob 等（2017）案例研究	组织学习	个人知识创造	无	团队知识创造
Cauwelier 等（2019）实证研究	团队心理安全感	团队学习行为	无	团队知识创造
Stojanović-Aleksić 等（2019）实证研究	组织结构、组织文化	无	无	知识创造、知识共享
Goswami 和 Agrawal（2020）实证研究	共享目标	期望	无	知识共享、知识创造
郑素丽等（2010）实证研究	知识获取	知识创造	无	知识整合
张鹏程和彭菡（2011）实证研究	科研合作网的网络特征	无	无	团队知识创造
胡钢和曹兴（2014）实证研究	知识吸收能力	知识创造能力、知识整合能力	无	创新多元化
汤超颖和丁雪辰（2015）实证研究	研发团队、知识基础	无	结构洞特征中心性特征	团队知识创造
张鹏程等（2016）实证研究	网络密度、网络中心性	无	关系强度	团队知识创造
关新华和谢礼珊（2016）实证研究	顾客导向、认知多样性	无	顾客知识、创造能力	服务创新

续表

作者及研究性质	输入变量	中介变量	调节变量	结果变量
张军等（2016） 案例研究	不同新颖程度的 知识创造	无	无	企业成长绩效 （财务绩效）
吕冲冲等（2017） 实证研究	关系强度	合作模式 （股权式、契约式）	市场和技术 不确定性	知识创造
单子丹等（2018） 实证研究	双元惯例下动态 异质性网络	无	无	知识创造
李宇和陆艳红（2018） 实证研究	核心企业、 知识权力	网络惯例	集群权力距离	集群知识创造能力
梁娟和陈国宏（2019） 实证研究	多重网络嵌入	知识整合 （内部和外部）	创造氛围	知识创造绩效
吴悦等（2020） 实证研究	知识创造、 知识共享	知识优势	无	动态能力

资料来源：根据已有研究整理。

（四）知识创造研究述评

通过对知识创造相关研究的梳理发现，围绕这一变量进行研究的文献数量众多，且主要从知识创造的内涵界定、前因变量和结果变量等方面进行分析。学者们对知识创造维度划分的研究较少，即使有研究分析知识创造的维度，但也只从知识创造的过程视角进行剖析，未进行深入研究。这可能是因为知识自身的抽象性特点以及动态流动性特征，知识创造作为较多知识管理活动的一个阶段，若对知识创造进行维度划分，可能会误导研究的方向。虽然已有研究对知识管理理论的延伸和发展具有重要的参考价值，且学者们对于知识创造的研究逐渐多元化。但现有研究存在几点不足之处，有待进一步的完善和升华。第一，较多研究聚焦企业内部知识创造，较少有研究涉及组织间知识创造影响因素的分析，即组织间的不同资源对知识创造有何影响需要深入阐述和分析。第二，即使有学者提出了外部环境对知识创造的影响，可以为知识管理研究提供一些借鉴，但从社会资本甚至是社会资本结构视角深度解析知识创造前因的研究不足。社会资本是目前社会网络大环境下具有高密度价值的特殊资源，具有完整性和系统性，作为企业实施知识创造的必备条件之一，对本书的研究主题有较大影响。所以，为了仔细探究能够对知识创造产生影响的关键因素，本书将知识创造的前因解释为不同类型的外部社会资本，从而延展知识管理理论的相关研究。第三，多数研究注重对知识创造的影响因素以及知识创造的过程分析，而关于知识创造后新知识如何被应用的研究较为匮乏，忽视了新知识本身对企业发展的作用，而且新知识需要被应用才能实现其价值，本书将惯例更新引入模型，着重探讨知识创造后如何实现新知识的应用，进而保证动态能力的形成。

三、惯例更新的相关研究

（一）惯例更新的含义

目前关于惯例更新的已有研究不多，对于组织惯例更新的定义较为统一，多数研究以王永伟的研究为基础对惯例更新的内涵加以延展。国内学者王永伟等（2012）借鉴国外学者对组织惯例动态性演化（如惯例变异、惯例创新等）的研究，提出了组织惯例更新（Routine Updating）概念，认为惯例更新是企业为了适应环境变化而主动进行更新并创新惯例的过程。组织惯例更新的目标是将不与外部环境变化相匹配的惯例摒弃，同时引入新的惯例，从而达到惯例和环境的融合。随后，有学者开始对惯例更新的概念和研究加以拓展。米捷等（2016）同样为了探寻惯例和环境之间的不匹配问题，指出惯例从个体层面向组织层面的更新需要组织学习，而且学习的速度影响匹配效果。王永伟（2017）在已有研究的基础上指出，惯例更新包括更新和创新两个层面。更新体现的是企业在“体会”到环境变化时，对组织原有惯例做出的改变，如复制和保留等；创新体现的是企业在“吸收”环境变化现象时，对惯例做出的彻底性变革，从而形成与原有惯例完全不同的新惯例（Dittrich & Seidl，2018）。林海芬等（2017）在研究中认同王永伟对组织惯例更新的界定，并且认为企业进行创新的前提条件是不断更新的惯例。常红锦等（2017）也将王永伟对组织惯例更新的定义作为参考，从而研究惯例的路径依赖性在惯例和环境之间的作用，从侧面体现了惯例更新的必要性。王永伟和韩亚峰（2019）在原来研究的基础上提出了“惯例更新是一系列动态过程”的论点，同时还认为外部搜寻是该过程的前提。当环境变化时，基于外部搜寻的惯例更新不但可以达到“去其糟粕，取其精华”的目的，而且对企业清除低效率的惯例并提高企业能力非常重要。总而言之，在外部环境逐渐动荡的条件下，惯例更新有助于企业适应环境变化，保证惯例最大效能的实现（Massini et al.，2005）。

（二）惯例更新的维度

现有惯例更新的研究大多采用概念化或是质性研究的方法，在少数定量研究中，几乎所有的研究均以王永伟等（2012）对组织惯例更新的界定为依据，认为惯例更新以单一维度的形式而存在，但从更新和创新两个层面对惯例更新加以度量。胡爱军和王石磊（2016）利用137家中国企业数据分析组织间学习、惯例变更、贡献一致、群体效能、合作创新绩效之间的关系时，认为惯例变更是单一维度存在的。党兴华和李全升（2017）分析了战略柔性对组织惯例更新的影响，其研究借鉴的仍是王永伟对组织惯例更新的定义。高洋等（2017）将环境不确定性作为惯例更新影响企业竞争优势的调节因素，并将惯例更新分为惯例修正行为和惯例创造行为。从本质上讲，惯例修正行为和惯例创造行为分别与组织惯例更新和组织惯例创新相对应。唐朝永等（2018）将组织惯例更新作为调节变量，分析组织衰落与组织创新的关系，研究中组织惯例更新为单一维度。王永伟和韩亚峰（2019）在探讨环境不确定情境下CEO变革型领导、惯例更新和绩效之间的关系时，仍然认为组织惯例更新的维度划分没有必要。Annosi等（2020）利用多层次分析方法，研究惯例更新的主要模式，从惯例变异、选择、复制、保留四个方面对其加以分析。

综合学者们对于组织惯例更新的理论分析和实证研究，结合研究背景，本书仍然采用学者王永伟提出的概念，且利用单一维度综合分析惯例更新在书所构建理论模型中的作用。

（三）惯例更新的前因和结果变量

已有关于惯例研究的中英文文献认为宏观和微观因素是影响惯例更新的两个主要的层面。其中，宏观层面的影响因素大部分是指由外部宏观环境变化带来的机遇和挑战，以及组织领导者对于企业目标和战略的把握等。影响组织惯例更新的微观因素主要是为了响应已经明确发生的问题而产生的行为，既包括高层管理者的领导行为，体现的是外生性变化；也包括企业对惯例的执行过程，反射的是内源性变化，可以成为驱使企业进步的动员型惯例，这类因素隐藏在企业各项活动之中。而无论何种层面的触发因素，都将导致一系列搜寻活动，引导惯例更新。从宏观层面和微观层面分析惯例更新影响因素的总结如表2-7所示。

表 2-7 惯例更新的影响因素总结

宏观层面因素	微观层面因素
生产要素、产业背景、企业属性（Bertels et al.，2016；Bloodgood，2012）、新组织文化导入、组织结构调整、管理理念变革等（Eisenhardt & Martin，2000；Teece et al.，1997）	组织学习行为、领导行为（Pentland et al.，2011）、知识资源、员工研发（Bresman，2013）、员工选拔（Feldman & Pentland，2003）、管理新需求（Becker，2005）、绩效反馈（Brauer & Laamanen，2014）、组织变革（Wenzel et al.，2020）等

资料来源：根据已有研究整理。

然而，将影响惯例更新的因素总结为宏观和微观层面不能清晰地探究惯例更新的内部动因，因此，有学者从内生驱动和外生驱动视角考察了惯例更新的影响要素。从外生驱动视角来说，外部因素的影响是惯例更新的外生动力。惯例随着环境的变化而变化，是被动适应环境的。环境变化时，组织会通过学习、新技术导入、技术变革等方式来更新惯例以匹配不断变幻的外部环境。从内生驱动视角来看，组织内部个体行为模式的变化是惯例更新的本质，组织成员的主观能动性体现为内生动力。由于惯例的实质是组织内部不同个体的重复行为，而认知是个体行为的基础，惯例更新的前提是成员间的连续互动和一致的认同感，以保证个体之间无障碍交流，惯例更新得以完成。因此，若要分析惯例更新的本质，可从组织个体行为和认知层面深入挖掘，探索主观能动性对惯例更新的影响机理。

摒弃宏观因素和微观因素、外生动力和内生动力对组织惯例更新的影响，学者们对于组织惯例影响因素的研究仍然较少，特别实证方面的研究更是鲜有。对与组织惯例前因和结果变量有关的研究总结如表 2-8 所示。

表 2-8 惯例更新的相关研究总结

作者	输入变量	中介变量	调节变量	结果变量
王永伟等（2012） 实证研究	变革型领导行为	组织学习倾向	无	惯例更新
王永伟（2017） 实证研究	CEO 变革领导行为	组织学习倾向	环境动态性	惯例更新
王永伟和韩亚峰（2019） 实证研究	CEO 变革领导行为	组织惯例更新	环境动态性	组织绩效
胡爱军和王石磊（2016） 实证研究	组织间学习	无	惯例变更、 贡献一致	群体效能、 合作创新

续表

作者	输入变量	中介变量	调节变量	结果变量
高洋等（2017） 实证研究	组织学习	惯例更新	环境动态性	竞争优势
党兴华和李全升（2017） 案例研究	资源柔性、 能力柔性	无	环境动态性	惯例更新
唐朝永等（2018） 实证研究	组织衰落	失败学习	惯例更新	组织创新
Wenzel 等（2020） 理论研究	惯例变更	无	无	动态能力

资料来源：根据已有研究整理。

（四）惯例更新的研究述评

通过梳理相关文献发现，虽然组织惯例的概念很早被提出并应用，且取得了丰硕的成果，但组织惯例更新这一主题的研究正处于起步阶段，学者们对该变量概念和维度的认识与理解已达成统一意见，该变量的前因与后果研究也比较集中，未来可深入探索与惯例更新相关的因素，强化该方面的研究。此外，学者们对于组织惯例更新行为的价值已有较为广泛且深入的探究，但是对于如何实施惯例更新以及惯例更新的快慢是否对企业有影响，仍存在较多的研究不足。

一方面，从关于组织惯例更新的实证研究中看出，组织惯例更新一直作为结果变量，学者们对影响惯例更新的因素进行了较多研究，即现有关于组织惯例更新的实证研究都将视角指向了其前因变量方面，如组织领导行为、组织学习行为、组织变革行为、跨界知识搜索等。忽视了惯例更新对企业其他要素的冲击，如企业创新绩效、动态能力以及惯例更新对组织不同变量之间关系的影响等。近年来，无论是学术界还是实践界，组织惯例更多地被认为是基于满意行为，而不是最优行为，因为它们需要的是不太复杂的搜索与更新。此外，组织惯例更新受到外部因素的影响（Nigam et al.，2016），组织惯例既是变化的来源，又是稳定的来源（Giovanni et al.，2008）。因此，本书不再探究组织惯例更新的前因变量，而是将其作为调节变量，探讨惯例更新对知识创造与动态能力关系的影响。

另一方面，关于组织惯例更新应当作为一种能力来看，还是应该作为一种行为来看，学者们的看法各有千秋。通过总结，几乎所有的研究都将惯例更新看作一种能力或过程，而从组织行为视角对该变量进行的研究较少。换句话说，学者们对于组织惯例更新行为根据环境变化而变化的速度研究不够。当组织惯例更新作为一种行为时，需要对其更新的快慢进行拓展，多数研究会将二分变量作为调节变量加以分析，此时惯例更新作为调节变量更加符合变化的情况。因此，本书将惯例更新作为一种行为，将其纳入理论模型作为调节变量。在外部环境不断变化的情况下，组织惯例更新的快慢对知识创造和动态能力之间的关系有何影响值得关注，因为新创造的知识与现有企业知识越一致（互补），对现有组织惯例的干扰就越小。而且由于新知识通过相对一致的启动来保持惯例的稳定性，维持惯例中行为的交互触发（Schulz & Hoegl，2008），新知识作为惯例生成过程的一部分融入惯例，将支持和强化现有惯例的轨迹。

四、动态能力的相关研究

（一）动态能力的含义

针对资源基础观与核心能力理论不能解释企业如何应对环境变化的问题，Teece 等（1997）提出了动态能力的概念，但由于研究背景、实践环境等的不同，学者们对动态能力的界定也不尽相同。综合学者们的研究，关于企业动态能力的定义基本上可以总结为三个方面，分别是知识观视角的含义、惯例观视角的含义以及能力观视角的含义。

1. 基于知识的动态能力

国外学者 Cepeda 和 Vera（2007）认为动荡的外部环境体现的是动态异质性，在这种情形下，企业维持竞争优势的法宝是具有一定特点的知识资源，动态能力就是企业依据环境变化而产生特定知识的能力（郑素丽等，2010）。Ellonen 等（2009）从生物进化的角度对动态能力进行界定，认为动态能力是知识型资产的集合，解释了动态能力是隐性知识和显性知识不断积累与共同进化的结果。Chien 和 Tsai（2012）分析了常规能力和动态能力之间的区别，认为常规能力帮助企业获得现有的竞争优势，动态能力会因操作常规能力而发挥作用，是一系列知识不断积累与互动的过程。Denford（2013）认为，动态能力的形成以知识创新和应用为基础，并非一蹴而就，既包括对原有知识的理解也涵盖对新知识的认识，基于新旧知识交替循环而具备的能力就是动态能力。Tallott 和 Hilliard（2016）指出，基于知识积累过程的动态能力首先利用内部吸收能力获得组织以外的知识，而后依赖知识整合能力实现组织内部知识创新，进而促使动态能力的形成。

2. 基于惯例的动态能力

国外学者 Grant（1996）通过研究指出，组织利用惯例操作企业资源的能力就是动态能力，动态能力是组织惯例的集合。Eisenhardt 和 Martin（2000）在研究中认为，组织流程即惯例，并提出为了保证战略目标符合市场变化，企业不断获取、整合、重新配置资源的流程就是动态能力，由此推测动态能力是企业各种流程综合的过程。Winter 和 Szulansk（2001）提出，组织能力是一种高水平的惯例或惯例集合，能够保证企业当前运营的能力被称为零阶能力，可以修正或改变零阶能力的能力被称为动态能力。Zollo 和 Winter（2002）在其研究中这样定义动态能力：创新组织惯例并使其与企业目标匹配的组织集体学习行为是动态能力，既包括了对组织惯例的重视，也涵盖了组织学习的效果。同样，Bergman 等（2004）认为，动态能力包括产生和塑造企业资源位势、流程和路径等一系列活动的总和，本质上是可以重新构建组织资源的所有常规惯例的集合。Zahra 等（2006）分析了企业管理人员对动态能力的作用，指出动态能力是在管理者的指导下再次配置资源和能力的进程，目的是实现企业资源的重组。Schreyögg 和 Kliesch-Eberl（2007）认为，能够解决问题的、重复进行的组织惯例是动态能力形成的资源基础，因而就有了惯例与动态能力的转化。Kindström 等（2013）提出，构成企业组织学习系统的惯例促成动态能力的形成，这些惯例具有可变性和可选择性。Pasamar 等（2015）在研究中指出，可以对企业资源配置进行指导的、包含在企业操作流程内的所有惯例构成动态能力。

3. 基于能力的动态能力

Teece 等（1997）较早地认为动态能力就是企业为了适应环境变化而改变能力的能力。随后，基于迅速变化的技术背景，Teece（2007）又提出，动态能力是组织能力和战略管理能力不断演进的过程。Danneels（2008）认为，动态能力是感知和塑造机会的能力、机会把握的能力、重新调配和部署资源基础能力的集合。Ambrosini 和 Bowman（2009）提出，企业能力的子集之一就是动态能力，即动态能力也可以是反映外部环境变化的企业其他能力的集合。Prange 和 Verdier（2011）结合能力和惯例的视角分析动态能力，认为企业利用惯例对组织其他能力加以控制的能力即为动态能力。Wohlgemuth 和 Wenzel（2016）更为系统和深刻地剖析了动态能力的概念，指出企业感知外部机遇和挑战的能力、掌握资源的能力以及对资源进行再次配置的能力构成动态能力。

（二）动态能力的维度

动态能力具有难以操作性和难以检验性，需要采用合理的方式测量这一变量，所以明确动态能力的具体维度或组成部分十分必要。虽然学术界对于该问题的探讨尚未达成一致意见，但是多数学者认为动态能力应该在知识观和惯例观的基础上强调不同能力的集合。许多学者承认整合能力和重新配置能力是动态能力的重要构成要素。通过文献梳理发现，学者们对动态能力维度的划分可以总结为三维和四维两个层面。现将有关动态能力维度的研究进行汇总，如表 2-9 所示。

表 2-9　动态能力维度划分总结

	作者	维度
三维	Teece 和 Pisano（1994）	适应能力、整合能力、重新配置能力
	Teece 等（1997）	整合能力、构建能力、重新配置能力
	Helfat 和 Peteraf（2003）	搜寻能力、选择能力、配置能力
	Caloghirou 等（2004）	学习能力、协调能力、变革能力
	Marsh 和 Stock（2006）	知识保留、知识编译、知识整合
	Teece（2007）	感知机会、利用机会以及重新构建的能力
	Wang 和 Ahmed（2007）	吸收、适应和创新能力
	Wu（2007）	整合能力、再配置能力、学习能力
	Prieto 等（2009）	知识创造能力、整合能力、重新配置能力
	Zheng 等（2011）	知识获取能力、知识创新能力、知识融合能力
	Protogerou 等（2012）	协调、学习和战略竞争性反应
	Li 和 Liu（2014）	战略感知能力、及时决策能力、变革执行能力
	Wilhelm 等（2015）	感知能力、学习能力和重新配置能力
	Wang 等（2015）	吸收能力、转化能力、利用能力
	Helfat 和 Raubitsche（2018）	创新能力、环境扫描与感知能力、整合能力
	Mudalige 等（2019）	感知与整合能力、学习能力、重构与转化能力
	Zhou 等（2019）	感知能力、整合能力、重新配置能力
	冯军政和魏江（2011）	机会感知能力、资源整合能力、资源重构能力
	马鸿佳等（2014）	环境适应能力、资源整合能力、学习能力
	卢启程等（2018）	感知响应、整合利用、重构转变
	王益民等（2019）	机会识别能力、资源获取能力、资源整合能力
	彭新敏和姚丽婷（2019）	感知能力、捕捉能力、重构能力

续表

	作者	维度
四维	Eisenhardt 和 Martin（2000）	整合能力、重置能力、获取能力和释放能力
	Danneels（2008）	利用资源、创造资源、获取资源、释放资源
	Barreto（2010）	感知机会和威胁、计划决策、做出决策、改变资源基础
	Pavlou 和 El Sawy（2011）	感知能力、学习能力、协调能力、整合能力
	Drnevich 和 Kriauciunas（2011）	开发新产品或服务、创新业务流程、建立新的客户关系、改变商业模式的能力
	Makkonena 等（2014）	重新配置能力、感知和捕捉能力、知识创造和整合能力
	Chiua 等（2016）	识别能力、调节能力、自治能力和重新配置能力
	Lin 等（2016）	关系能力、感知能力、吸收能力和整合能力
	Singh 等（2019）	感知能力、学习能力、整合能力、重新配置能力
	Ilmudeen 等（2021）	感知能力、协调能力、学习与整合能力、重新配置能力
	贺小刚等（2006）	发展市场的潜力、组织柔性、战略隔绝、组织学习
	焦豪等（2008）	环境洞察力、变革更新能力、技术柔性、组织柔性
	董保宝等（2011）	环境适应力、变革能力、资源整合能力、学习能力
	邓少军等（2011）	环境观察力、吸收能力、更新能力、整合重构能力
	董保宝和李白杨（2014）	战略隔绝力、环境适应力、组织变革力、整合资源能力
	唐孝文等（2015）	环境洞察力、规划设计力、组织学习能力、变革领导力
	龙思颖（2016）	学习能力、整合能力、重构能力、联盟能力

资料来源：根据已有研究整理。

根据已有研究文献看出，尽管动态能力的维度尚未得到学者们的统一理解，但几乎每种划分方式都包含了对外部环境的反应，如识别机会的能力、获取资源的能力等。同时，由于企业所处的市场环境变化的多样性和不可预测性，对企业来说，感知危险并把握机会的能力至关重要。因此，动态能力的三个维度——感知、获取以及重新配置能力，是学者们研究最多也是最深入和最成熟的三个方面。这种动态能力的维度划分方式受到学者们的广泛认同和推崇。另外，这三种维度的动态能力既发生在企业专门的生产过程中，也存在于组织整体层面，如新产品开发、新知识创造、战略联盟和并购等。资源识别、资源获取和资源重置在企业生产经营过程中都发挥重要作用。因此，基于研究背景和研究问题，根据知识管理理论和惯例基础理论，将从感知能力、获取能力和重新配置能力三个方面对动态能力进行测度，但在研究中仍然将动态能力作为一个整体变量进行分析。

（三）动态能力的前因和结果变量

Teece 和 Pisano（1994）在提出“动态能力”这一概念时，并未谈论影响因素。随后，Eisenhardt 和 Martin（2000）为了研究影响动态能力的因素，提出企业内部认知和外部环境变化是影响动态能力的两个主导要素，这对动态能力理论做出开创性贡献。内部认知指企业的组织学习机制，表示企业主动获取外部知识的意愿和能力；外部环境变化指的是环境动态性（主要包括市场和技术等方面）。本书总结了动态能力的影响因素及其结果元素，如表 2-10 所示。

表 2-10　动态能力的相关研究总结

作者及研究性质	输入变量	中介变量	调节变量	结果变量
Rindova 和 Kotha（2001）理论研究	高层管理团队、组织演化信念	无	无	动态能力
Zollo 和 Winter（2002）理论研究	组织学习	无	无	动态能力
King 和 Tucci（2002）理论研究	不同类型经验	无	管理者选择	动态能力
Adner 和 Helfat（2003）实证研究	管理层	无	无	动态能力
Blyler 和 Coff（2003）实证研究	社会资本	无	无	动态能力
Zott（2003）实证研究	动态能力	无	无	产业内企业之间的绩效差异
Macher 和 Mowery（2004）实证研究	团队多样性、人员交流频繁程度	无	无	动态能力
Zahra 等（2006）理论研究	市场机制	动态能力	无	绩效
Marsh 和 Stock（2006）实证研究	动态能力	无	无	新产品开发绩效
Arthurs 和 Busenitz（2006）实证研究	风险资本家、动态能力	无	无	风险投资绩效
Wu（2006）实证研究	知识资源	动态能力	无	企业绩效
Cepeda 和 Vera（2007）实证研究	组织任务	动态能力	无	操作性能力

续表

作者及研究性质	输入变量	中介变量	调节变量	结果变量
Wu（2007） 实证研究	组织冗余资源	无	无	动态能力
Liao 等（2009） 理论研究	现有资源和能力	无	无	动态能力
McKelvie 和 Davidsson（2009） 实证研究	人力资本、 技术知识、 资源基础的变化	无	无	动态能力
Romme 等（2010） 实证研究	深度学习	无	环境动态性	动态能力
Zhou 和 Li（2010） 实证研究	战略定位	无	市场动态性	动态能力
Zheng 等（2011） 实证研究	结构嵌入性、 关系嵌入性	动态能力	无	创新绩效
Chien 和 Tsai（2012） 实证研究	知识资源 学习机制	动态能力	无	绩效
Hautz 等（2014） 实证研究	动态能力	无	无	持续竞争优势
Lin 等（2016） 实证研究	动态能力	无	无	管理创新
Fainshmidt 等（2016） 实证研究	高阶动态能力	低阶动态能力		组织绩效
Chiua 等（2016） 实证研究	动态能力	无	无	突破性创新
Lee 等（2018） 实证研究	动态能力	市场能力、 技术能力	无	企业绩效
Singh 等（2019） 实证研究	动态能力	组织结构、 环境动态性	无	企业反应能力
Mudalige 等（2019） 实证研究	动态能力	无	无	企业国际化
Zhou 等（2019） 实证研究	动态能力	技术创新、 市场创新	无	财务绩效
Bitencourt 等（2020） 实证研究	知识管理与学习、 联盟、创业导向	动态能力	文化 经济	绩效
魏江和焦豪（2008） 实证研究	组织学习	无	无	动态能力
曹红军和赵剑波（2008） 实证研究	动态能力	战略过程	无	企业绩效

续表

作者及研究性质	输入变量	中介变量	调节变量	结果变量
焦豪等（2008） 实证研究	动态能力	无	环境动态性	企业绩效
李大元等（2009） 实证研究	动态能力	无	环境动荡性	企业竞争优势
曾萍和蓝海林（2009） 实证研究	组织学习	知识创新、 动态能力	无	企业绩效
杜建华等（2009） 实证研究	社会资本	动态能力	无	创业绩效
董保宝和葛宝山（2012） 实证研究	网络结构	动态能力	无	竞争优势
董保宝等（2011） 实证研究	资源整合过程	动态能力	无	竞争优势
葛宝山等（2016） 实证研究	创新文化	双元学习	无	动态能力
周键和王庆金（2017） 实证研究	创业激情	资源获取	动态能力	创业企业成长
卢启程等（2018） 实证研究	组织学习、 知识管理	动态能力	无	组织创新
张璐等（2018） 实证研究	战略导向与 动态能力交互	无	无	商业模式创新
熊名宁和汪涛（2020） 实证研究	文化多样性	无	动态能力	经营绩效

资料来源：根据已有研究整理。

在理顺相关文献的基础上，可以发现动态能力的前因变量主要集中于组织学习机制、管理者认知、资源获取等方面，如组织学习深度、高层管理团队情况、企业资源存量、社会资本、网络关系资源等对动态能力的影响。而动态能力的结果变量主要是企业创新与绩效、竞争优势等，如对新产品开发的影响机制研究。值得注意的是，有关动态能力的研究中，调节变量一般包括环境不确定性或者环境动态性，这是因为动态能力本就是在环境不断变化的情境中形成并被研究的。由此可以看出，动态能力既可以作为前因变量分析企业创新路径，也可以作为结果变量分析其形成机理。在本书中，由于研究目的是分析在动荡的环境中，企业如何应对环境变化，因此，将动态能力作为结果变量进行阐述。

（四）动态能力研究述评

在整理相关文献的基础上，发现国内外学者已对动态能力的含义、维度、关键影响因素和作用结果展开了系列重点摸索，成果颇为丰富，主要集中在三个方面：基于知识源、组织行为和管理者认知的动态能力研究。

从知识源视角来说，动态能力的研究源于对有形资源的研究，继而转变为知识资源，实现了从静态知识资源存量到动态知识资源流量的变化。Mc Kelvie 和 Davidsson（2009）研究指出，在动态能力形成过程中，企业知识资源的种类和作用会不断变化，相比知识存量，知识类型的变化对动态能力的影响更大；Bruni 和 Verona（2009）则提出，社会资本是影响动态能力的关键元素，并认为不管是外部社会资本还是内部社会资本都对知识共享和创造影响重大；Prange 和 Verdier（2011）认为，无论是已有的知识存量还是不断变化的知识流量都对动态能力形成过程中的每一环节有显著影响；Zheng 等（2011）从知识管理视角研究结构嵌入性和关系嵌入性对动态能力的影响，指出结构多样化和结构非冗余化、关系信任和共同目标影响动态能力的发展；Kleinbaum 和 Stuart（2014）基于案例研究指出，社会资本对企业的适应和吸收这两种动态能力有显著影响。

从组织行为视角来说，学者们对于动态能力的研究实现了从抽象的、宏观的组织行为向具体的、微观的组织中个体行为的转变。在知识管理领域，行为对动态能力的影响主要体现在组织学习行为上。最早将组织学习行为考虑进动态能力的是 Teece，于 1997 年指出组织学习是改变企业能力的前提之一。Helfat 和 Peteraf（2003）通过研究发现，组织学习是创造和发展动态能力的主要机制，在发展过程中，企业通过不断实践和学习提高技能并累积经验。不断地进行实践加强组织对动态能力形成机理的理解，从而实现对组织惯例的管理与创新（Wohlgemuth & Wenzel，2016），持续地进行学习保证企业具备足够的新知识，加速构建动态能力体系（Eisenhardt & Martin，2000）。若动态能力构建过程中出现问题，管理者会对其足够重视，并鼓励组织学习行为，在纠错和学习中及时提高动态能力（Winter，2013），同时，企业得以积累经验（Eisenhardt & Martin，2000）。但是，以往的经验会变得僵化或过时，导致企业对环境变化不敏感。因此，Chien 和 Tsai（2012）指出，组织学习是企业获取知识资源的重要手段，通过组织学习可获取新知识进而发展动态能力。而且 Kor 和 Mesko（2013）指出，陷入成功陷阱的企业会因为过多重视利用性学习而忽视探索性学习，导致企业动态能力发展受限，故企业加强利用式学习的同时需要鼓励探索式学习。

从管理者认知视角来说，管理者对机会的识别与危险的感知是企业构建动态能力的前提（Teece，2012），因此管理者在动态能力形成与发展中是至关重要的（Zahra et al.，2006）。虽然 Teece 对动态能力进行界定时将机会获取和危险感知作为动态能力的不同维度，但 Peteraf 等（2013）指出，识别并获取机会的能力、感知危险的能力是动态能力的微观基础，但不是动态能力本身。Li 和 Liu（2014）在其研究中指出，高层管理者的认知对动态能力有显著的影响，这是对动态能力理论认知层面的补充和丰富。具体来说，若有些管理者的认知相对简单，不愿深入分析企业决策，则这类管理者利用以往经验做出决定的可能性很大，会导致企业柔性不足，动态能力发展受限（Tallott & Hilliard，2016）。

关于动态能力的研究主要集中于知识资源、组织学习行为及管理者认知三个方面。近年来，对于影响动态能力的元素研究发展较快，但不足仍然存在，特别是从惯例更新和知识创造结合视角的研究更是十分匮乏。因而，本书将从知识和惯例互动协同的角度解密动态能力的前因变量，解析社会资本、新知识、组织惯例在动态能力形成过程中的具体作用，鼓励企业着重发展动态能力，提升竞争优势。

五、文献述评

通过对已有相关研究的梳理与分析，提出以下几点重要述评：

第一，近年来，社会资本理论被广泛应用于知识管理研究领域，并取得长足发展，但是一些局限性仍然存在。一方面，无论是理论研究或是实证研究，已有关于社会资本深度研究的文献较多集中于西方国家，基于东方国家特别是中国情境下的相关研究相对匮乏。另一方面，无论是中文文献还是英文文献，多数关于社会资本的研究关注“外部社会资本”“内部社会资本”等字眼，或将其分为结构型社会资本、认知型社会资本和关系型社会资本等，认为社会资本的不同构面是互相独立的，彼此之间不存在互联互关，探索社会资本内部构成的研究不足。

第二，现有研究缺少对知识创造外部影响因素的探索，特别是从社会资本视角进行的研究不足。首先，知识创造是有关企业发展的情境性因素，新知识创造与否同企业所处的宏观环境具有较大关联性，而社会资本是能够体现企业与其他外部行为主体关联的本质，可以为企业知识创造服务。但目前关于知识创造的研究缺乏关于社会资本与知识创造如何互动的分析，特别是当社会资本涉及多个维度时，知识创造的影响因素研究将更加复杂。其次，对于知识创造的结果变量，多数研究指向静态资源利用视角下的企业产品创新或服务创新，较少有研究直接探索新知识向能力特别是动态能力转化的具体过程，在中国企业情境下的这类研究尤为不足。

第三，关于动态能力的研究已比较丰富，但也存在几处短板：当面对动荡的外部环境时，企业应着眼于提升动态能力，企业动态能力源自知识资源（Makkonena et al.，2014）。虽然现有研究多关注不同知识管理活动对动态能力的价值，如知识转移等，甚至将知识管理能力作为动态能力进行研究，但忽略了知识创造与动态能力之间的本质关系，同时知识创造在社会资本与动态能力之间的作用机理尚存在模糊之处；在组织惯例需要特别重视的情形下，知识作为企业的一种特殊资源，若要实现知识到能力的转化则需要组织惯例的协同，惯例是知识向能力转化的载体，且与其他组织行为有着明显差异（Bertels et al.，2016）。而已有关于动态能力的研究对组织惯例的重视不足，忽视了组织惯例在动态能力形成过程中的存在形式以及具体的作用途径，知识和惯例结合视角下对动态能力的探索更是匮乏。

第四，针对组织惯例更新，国外学者根据组织惯例变革或演化研究开发了与之对应的测量惯例更新快慢的量表，虽然已有组织惯例更新的研究较多，但多数研究将其作为前因或结果变量，将其作为调节变量的研究不足。作为表述组织行为本质的变量，动态环境下惯例更新快慢对动态能力的影响亟待探索。

第三节　本章小结

本章主要对研究中运用到的相关理论以及核心变量进行梳理和述评。在理论方面，分别介绍了社会资本理论、知识管理理论、惯例基础理论以及动态能力理论的产生背景、研究内容、理论应用和未来发展等内容。在此基础上，对涉及的核心变量——社会资本（结构、认知和关系）、知识创造、惯例更新、动态能力，按照是什么（含义）—包括什么（维度）—有哪些应用（前因与后果）的逻辑顺序进行梳理。最后，根据梳理的内容，归纳总结已有研究的不足以及未来研究的方向，从而为下文的研究提供指导。

第三章　研究模型构建

根据本书第二章的论述，结合动态环境下企业知识管理状况，本章将对研究中所涉及的核心变量社会资本（结构型社会资本、认知型社会资本以及关系型社会资本）、知识创造、惯例更新以及动态能力的含义加以界定，并依据社会资本理论、知识管理理论、惯例基础理论以及动态能力理论分析不同变量之间的作用机理，从而构建本书的理论模型。

第一节　变量界定

一、社会资本概念界定

许多学者分别从不同视角对社会资本的含义和维度做了详细阐述，虽然在语句表述方面有所不同，但对社会资本本质的理解和认识展现出以下几点相似之处：第一，社会资本是任何企业所拥有的关系网络及内嵌于其中的实际或潜在资源的集合，是一种自身具有价值或者能够创造价值的资产，具有社会资源的属性；第二，社会资本是一种企业通过社会关系网络获取潜在稀缺资源的能力，突出社会资本的能力属性；第三，社会资本存在于不同行为主体共同构成的社会关系之中，是保证以个人或组织为单位的社会参与者实现收益的优势资源（Adler & Kwon，2002）；第四，社会资本具有生产性，可以确保企业实现一种“非他不可”的目标，从而促进合作并提高社会生产效率；第五，资源交换和流动需要的社会资本，实际上是社会网络中的不同企业以社会结构为载体取得的成长性收益，而且在该过程中同时实现了企业间信任等规范的形成，这些规范能够保证组织战略目标的达成。结合研究背景及研究问题，本书所涉及的社会资本是从资源观的角度进行解释的。根据知识管理理论和社会资本理论的阐述，企业应对环境变化过程中所需的知识或其他资源在很大程度上源于组织外部的社会资源，故而强调的是组织社会资本，而不是个人或团队社会资本，而且 Nahapiet 和 Ghoshal（1998）的论点对于分析组织社会资本尤其合适。同时，由于研究关注的是动态环境下企业如何利用与外部利益相关者有关的资源创造新知识的情境，因此，组织社会资本的来源限于企业与具有相似目标的供应商、销售商、客户等，具有合作关系的上下游企业或团体之间所组成的社会网络。综合上述分析，本书认为：社会资本是一类特定的资源，指的是由独立企业和外部利益相关主体（如供应商、经销商等上下游企业）关联形成的、被企业共同认知水平所影响的、可以被利用的、基于信任和互惠行为的、嵌入社会网络的所有隐性和显性资源的集合。

关于社会资本的维度，第二章已经进行了分析，Nahapiet 和 Ghoshal（1998）将其划分为结构、认知和关系三个方面，该模式被多数相关学者认可并应用。因而无论从概念内涵还是测量上，Nahapiet 和 Ghoshal 所研究的社会资本符合本书的研究主题和研究背景，与本书所指出的组织社会资本也十分匹配。然而，尽管大部分学者根据 Nahapiet 和 Ghoshal 的研究经验，对结构型社会资本、关系型社会资本和认知型社会资本做了大量研究，但不同研究对这三种社会资本的界定及其所涵盖的原则性要素具有不同的了解。为了提高研究的准确性和完整性，对部分学者的分析进行了总结，如表 3-1 所示。

表 3-1　社会资本不同维度的含义总结

作者	结构维度	关系维度	认知维度
Nahapiet 和 Ghoshal（1998）	网络连接、网络构造、专门组织	信任、规范、义务与识别	共同的编码与语言、共同情节
Tsai 和 Ghoshal（1998）	社会相互作用连接	信任与可信赖	共享愿景
Yli-Renk 等（2001）	客户网络连接	社会相互作用	关系质量

续表

作者	结构维度	关系维度	认知维度
Inkpen 和 Tsang（2005）	网络连接、网络构造、网络稳定性	信任	共享目标、共享文化
Merlo 等（2006）	开放的交流	信任文化	共享愿景
Mc Elroy 等（2006）	联系的频繁程度、联系的密切程度、联系的数量/时间	基于戒备的信任、真诚合作、信守诺言	共同语言、相似价值观
Krause 等（2007）	社会互动、中心性、行业内部联系、行业外部联系	信任	团结一致性、战略协同性
Carrillo 和 Webb（2008）	网络结构（层级、密度以及连接强度）	信任	共同知识、共享文化、共享目标、共同愿景
Wu（2008）	网络连接	信任	重复的交易
Martíncz-Cañao 等（2012）	网络规模、网络多样性、网络强度、网络稳定性	信任和可信赖、规范、义务和期望	共同语言、共同目标
Yen 等（2015）	关系	信任	规则
Bharati 等（2015）	社会网络密度、社会互动强度、社会交流深度	同事信任、领导信任	共同语言、共同愿景
Van Dijk 等（2016）	社会交互、社会连接	信任、互惠规则、身份识别	共享语言、共享愿景
Suseno（2018）	结构关联	信任	共同的理解
Suseno 和 Pinnington（2018）	互动强度、互动质量	信任、满意、承诺	共享愿景
Ortiz 等（2018）	社会互动、社会连接	信任的关系	共同价值观、共同愿景
Ganguly 等（2019）	社会交互、社会联系	信任关系	共享愿景
侍文庚和蒋天颖（2012）	社会互动	信任、互惠规范	共享愿景、共同语言
朱慧和周根贵（2013）	组织各种联系的网络特征，包括结构组成、多样性、集中度等	网络成员间互动形成的关系，包括信任、准则、责任、认同	网络中的认知范式，如共同的语言、共同的观点、共同的理解
王雷（2013）	网络密度、网络强度	信任关系	共同愿景、共同语言及组织相似性
刘海鑫等（2014）	社会交互关系	成员间的信任	共同语言、共享文化

资料来源：根据已有研究整理。

通过梳理结构型、认知型和关系型社会资本的基本内涵，可以发现：结构型社会资本表示的是不同行为参与者之间互动的程度，包括个体与其他个体所维持的直接或间接联系、网络结构及稳定性、社会网络中的联结强度（Nahapiet & Ghoshal，1998；Krause et al.，2007；Ganguly et al.，2019）；认知型社会资本是社会行动者通过共同的语言代码、共同的信仰和共同的叙述来达成的共同理解与愿景（Hooff & Huysman，2009；Ortiz et al.，2018），包含不同行为主体之间的相似目标、相似文化、愿景或话题等。关系型社会资本表述的是不同行为主体之间的关系模式，主要包括信任和社会认同等，其中信任是影响知识创造的重要因素，关系维度中的信任和沟通是解决社会资本中贸易往来、信息互换或冲突管理的良好途径（Nahapiet & Ghoshal，1998；Hooff & Huysman，2009；Suseno，2018）。

根据上述分析，对不同维度社会资本的具体含义界定如下：结构型社会资本表示企业与外部不同主体之间的社会交互情况，主要包括联系的密切程度、联系的频繁程度、联系的数量和质量等；认知型社会资本主要包括企业与外部不同主体之间的共享愿景、共享文化、共同价值观以及共享语言或话题等；关系型社会资本主要包括企业与外部不同主体之间的信任、承诺、互惠、合作程度等。

二、知识创造概念界定

知识管理理论认为，知识创造是影响企业发展各项能力的关键要素，因而对该变量的研究更加需要慎重。关于知识创造的定义，由于研究背景的不同，学者们对其的理解各异，总体可以归结为两个方面：行为视角和过程视角。

行为论的学者将知识创造理解为可以将新想法、新创意、新知识等传递至企业的行为，是企业实现一切创新的源泉，而且该行为有利于企业更加敏捷地应对环境变化（Cannatelli et al.，2017）。对于该方面的理解，学者们一致认为企业中的单个员工是最基本的知识创造单位，相当于“元知识创造行为的载体”，其次是由个体组成的团队层面，再次则是整个组织层面的知识创造。三个层次之间没有高级和低级之分，它们是互相影响、彼此依赖的，个体知识创造是团队和组织层面知识创造的基石，知识共享和交流的场所等则是由组织创建并提供的（Mc Fadyen & Cannella，2004）。对于三个层面间关系的解释，知识创造理论描述的是“个体知识创造不断放大的过程就是组织层的知识创造，该过程致力于将知识具体化并应用于解决企业的实际问题，并与企业知识管理体系建立连接”，说明不同层面的知识创造共同构成一个体系服务于企业的发展（Caiazza et al.，2015）。

过程论的学者坚持企业内部形式知识和暗默知识螺旋式互相转化的过程就是知识创造，即目前非常流行的知识社会化、表出化、融合化和内在化的 SECI 过程（Nonaka et al.，2006）。该论据支持“企业自身主动增加知识存量的过程就是知识创造，参与该过程的是企业自建知识资源”的论点。在此基础上的知识创造具有可预测性，而且该过程既可以是突变型的也可以是渐变型的，元知识基因在该过程中能够被复制和遗传。Rynes 等（2001）提出，将企业已有的知识加以累积并整合的过程就是知识创造。该过程实现了对企业内部所有个体显性知识和隐性知识的细节化和明显化，在所有的个体知识被整理后，这些知识会变得透明，将有助于企业知识的整合，从而企业以精练和共通的手段创造出新知识。这将对企业所有知识的互联互通以及企业产品创新或服务创新产生较大促进作用。需要特别提出的是，知识创造不是有序的，而是无序的，是企业不同类型的知识在员工的操作下不断螺旋升级的过程（Milosevic et al.，2018）。

根据上述分析结果，不管知识创造作为一系列的过程，或是一种行为，每种定义的知识创造都强调组织的知识是新颖的，能够为组织适应环境变化带来效益。本书认为两种定义应该是互相补充的，结合第二章对组织间知识创造和组织内部知识创造的论述，对知识创造的定义如下：为了及时适应并应对外部变化激烈的环境，企业采用一定手段集结组织外部各种社会资源，同时结合原有的知识不断创造新知识的所有活动的总称，是一系列过程和行为的结合。这些活动不仅是企业适应“物竞天择”这种激烈竞争环境的手段，同时也是企业在高度动荡环境下生存的基础。

三、惯例更新概念界定

组织惯例更新是近几年才被学者们所提出的概念，国内关于惯例更新的研究是基于国外组织惯例变革、组织惯例演化研究而来的。目前学者们对于组织惯例更新的理解分歧较小，基本认同了王永伟等（2012）的观点，认为组织惯例更新是指当组织惯例的执行环境发生变化时，惯例可以主动搜寻，达到组织惯例与新环境的匹配，从而及时提高组织惯例效能的过程。该观点强调的是对与环境相悖惯例的摒弃，以及对满足环境变化的组织惯例的引入，从侧面反映了惯例的执行与环境变化瞬时性之间的冲突。当组织惯例与外部环境不能耦合时，组织惯例的“刺激—反应”效能便会减弱，成为影响企业进步的桎梏，企业如何适应环境变化的问题亟待被解决（Chen et al.，2013）。因此，对于外部环境的变化，企业需要迎合环境建立新的组织惯例，以应对外部环境带来的机遇和挑战。本书依然采用王永伟等对于组织惯例更新的定义，并从组织惯例更新速度快慢的视角加以测量，从而解决企业发展与环境变化如何匹配的问题。基于上述分析，将组织惯例更新界定为：当企业所处的外部环境发生变化时，组织惯例能够进行主动搜寻，进而实现组织惯例与新环境的匹配或耦合，以增强组织惯例效能的过程（王永伟和韩亚峰，2019）。

四、动态能力概念界定

学者们从不同视角对动态能力的含义加以系统分析，在语句表述上虽然具有一些特殊的差异，但对动态能力含义的理解存在几点共同之处：第一，动态能力是一种情境性能力，是在特殊情况下所形成的，不同于核心能力，动态能力可以在解决组织核心刚性问题的基础上从容应对外界环境的变化。第二，在复杂的外部环境中，“动态”体现的是企业应对外部环境变化的主动性，要适时而变，“能力”强调的是企业正确整合、建构以及重新配置资源的作用，是企业的一种潜在能力。第三，动态能力的形成伴随着知识的产生和组织惯例的形成。Protogerou 等（2012）认为，动态能力是一系列知识管理行为的集合，知识管理的载体是组织惯例。因此，基于组织惯例的知识管理是动荡环境下企业动态能力形成的基础。

基于以上分析，结合 Teece 的定义，将动态能力界定为：为了应对外部环境变化，企业利用组织惯例感知变化识别机会、获取并重新配置知识资源的能力，能够提高企业的竞争优势。动态能力由感知能力（Sensing Capability）、获取能力（Seizing Capability）以及重新配置能力（Reconfiguring Capability）组成。

第二节　概念模型提出

一、变量间作用机理

在外部环境发生变化时，企业对外部市场环境的洞察力、外部机会的捕捉能力、资源重新配置能力等是企业转型升级的重要推动力量。而原有的知识资源储备可能无法满足企业此类需求，环境变化带来的资源压力迫使企业做出创新性策略响应——创造新知识。知识管理理论认为，有价值的、异质性的、难以模仿的新知识是企业应对环境变化的资源基础，不断创造新知识的企业方能在变幻莫测的环境中冲破核心能力刚性的樊篱，构建动态能力，从而沉着应对环境变化，进而维持持续的竞争优势。

具体来看，首先，在当今信息层出不穷的时代，任何企业的知识存储系统并非静止不变的，企业可以自发地采取特定行动创新知识管理系统，进而达到知识存量的动态更新。实现知识全面创新的前提是识别并获取外部环境中的有效社会资源。显而易见，任何企业均处于一定的社会环境内，特别是在当前环境变化不可预测的情境下，根据社会资本理论，作为社会关系网络中一种生产性较高的特殊资源，组织社会资本可以被企业获得，从而服务于知识积累与知识融合。其次，根据知识管理理论和惯例基础理论，企业新旧知识的积累与融合促进知识创造的实现，且该过程伴随组织惯例的改变，因而惯例的作用也被凸显出来。最后，惯例基础理论认为，通过集体共同学习和知识分享，惯例能够以变异、选择、复制甚至保留等方式达成能够被组织成员普遍接受的交互共识，这种交互共识经过员工的反复执行而升华内化为潜在行为、规范和规则，影响并指导企业行为，也是构成动态能力（感知能力、获取能力、重新配置能力）的重要方面。总而言之，知识和惯例是动态能力发展的微观基础，其中知识是动态能力的核心，惯例是联结知识与动态能力的桥梁（Anders，2006；Adner & Helfat，2003）。

因此，面对动荡的外部环境，企业动态能力的形成依赖社会资本、新知识以及组织惯例的相互协作，社会资本是推动企业知识创造的基本要素，知识创造与组织惯例更新的匹配模式为企业动态能力形成与发展提供切实的指导，三者对动态能力的基础影响机理模型如图 3-1 所示。

为了更加深入地分析社会资本的结构维度、认知维度、关系维度分别对知识创造的影响方式，以及知识创造、惯例更新与动态能力之间更深层次的本质联系，在对社会资本、知识创造、惯例更新以及动态能力的概念界定与测量维度划分的基础上，将分析社会资本、知识创造、惯例更新对动态能力的具体影响机理。

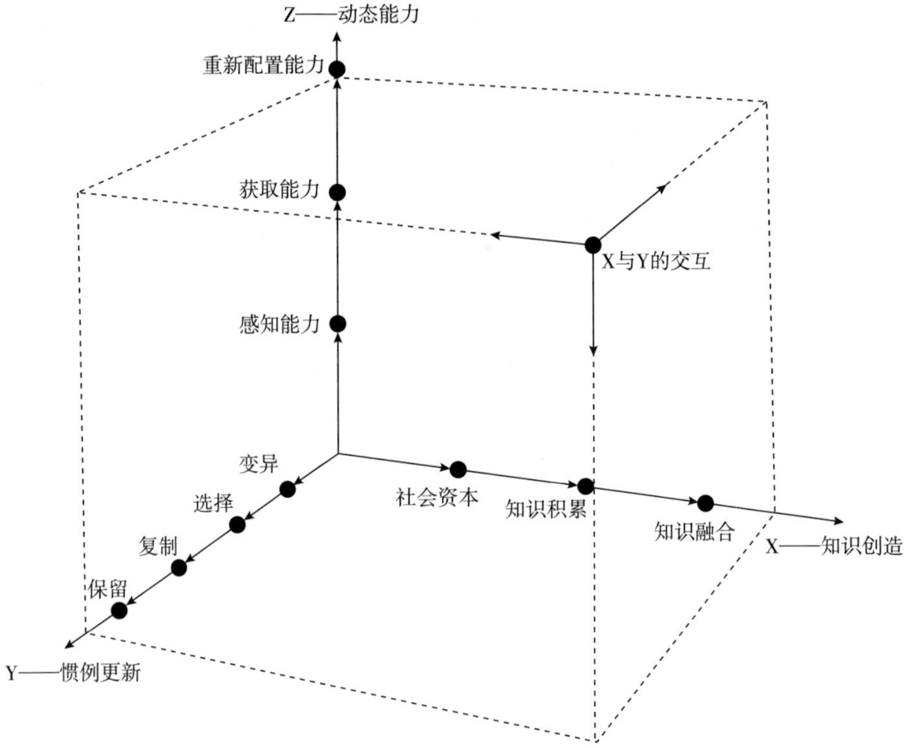

图 3-1　变量间作用机理基础模型

首先，针对不断变化的市场环境、制度环境等，组织社会资本是适合企业发展的高价值型资源，不但提供企业获取外部知识资源的条件和渠道，而且为企业知识创造提供前瞻性资源基础。根据社会资本理论，可以将其分为结构型、认知型以及关系型三类。结构型社会资本表现为企业与不同行为主体之间的互动，可以从它们联系的密切程度、频繁程度、数量以及质量四个方面进行分析；认知型社会资本体现在精神层面，对企业知识创造具有指导作用，可以从企业与不同利益相关者之间是否具有共享愿景、共享价值观、共享语言以及共享文化四个方面加以考虑；关系型社会资本体现的是企业与不同利益相关主体之间的关系，对企业知识创造具有激励作用，可以从企业与不同行为主体间的信任、承诺、合作、互惠等方面考虑。知识创造是企业利用内外部的知识资源进行知识创新或者实现知识转化的过程/行为，该过程是企业知识存量增加的前提（Ortiz et al.，2018），主要考虑知识创造的结果。组织惯例更新代表的是企业可否根据环境的变化及时变革组织的行为、规则或规范等，目的是实现知识创造、组织行为与外部环境的匹配，从惯例更新速度的快慢视角得以考量。动态能力体现的是企业对环境变化的应对能力，主要包括对外部环境的感知能力、对外部资源甚至是知识资源的获取能力以及对知识资源重新配置的能力三个方面。

其次，虽然知识创造从一系列可以提高组织能力的行为中脱颖而出，是企业可以在动荡环境中立足的根本之一（Jiang et al.，2019）。但是真实的状况是，独立存在且周期已经缩短的知识创造并不能保证企业在目前环境瞬时变化及全球竞争日渐白热化的情境下长盛不衰。这是因为企业忽视了知识创造与外部环境之间的不匹配问题，导致“需求”不能被“现有条件所满足”，缺少外部有效关联的企业不能实现完全的知识创造，经久不衰的常青企业较少（Lloria & Peris-Ortiz，2014）。这种现象不仅反映了组织社会资本的关键性，而且是组织惯例和知识创造之间耦合重要性的体现。根据知识管理理论和惯例基础理论的阐述，知识创造是动态能力构建的资源起点，组织惯例更新是构建动态能力的逻辑起点，组织惯例更新过程是企业自发主动感知外部环境威胁、识别新机遇的过程，因而解决该企业环境适应性问题的关键是重视组织社会资本对知识创造的结构性影响，引导知识创造与组织惯例更新的结合，以惯例的不断更新弥补知识创新需求与环境变化之间的差异。

最后，由于社会资本不同维度对知识创造的影响路径不同，这就决定了企业如何选择合作伙伴以期对其知识创造的积极影响最优。结构型社会资本丰富的组织之间的交互关联环境易于创建，认知型社会资本具有指导组织行为的特点，关系型社会资本鼓励不同组织之间更深层次的联系，这都对企业开展有效的知识创造提供系统化条件支撑（Kaba & Ramaiah，2017）。同时，动态能力理论指出，组织惯例集合构成动态能力的逻辑体系，组织惯例的不断更新有助于提高企业感知外部环境变化、获取有效资源、重构运营体系的能力，因而企业新创造的知识到动态能力的转化依赖组织惯例的协作，知识创造与惯例更新是增强企业动态能力的机翼。

综上所述，将社会资本、知识创造、惯例更新和动态能力纳入同一模型，探究企业如何在动荡的环境下提高动态能力以应对环境不确定性，社会资本、知识创造、惯例更新对动态能力总的作用机理如图 3-2 所示。

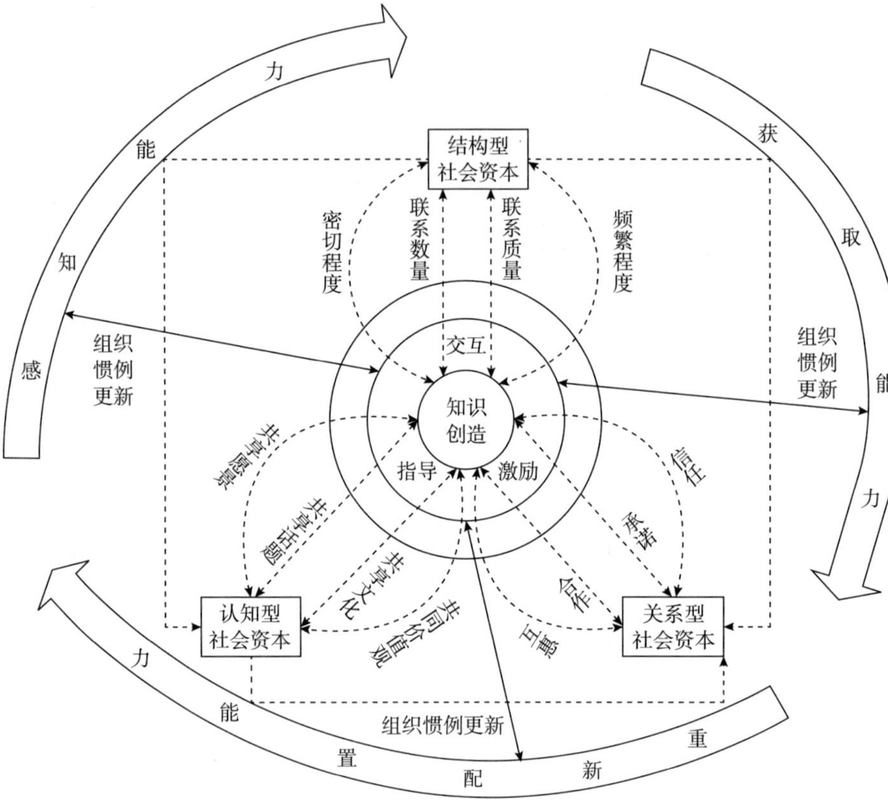

图 3-2　不同变量之间总的作用机理

二、概念模型的构建

在对已有文献系统整理的基础上，本书发现以往相关研究的不足并提出与之相关的研究方向。在该部分，将整合社会资本理论、知识管理理论、惯例基础理论和动态能力理论，阐述概念模型的构建过程，以弥补现有研究的不足之处。

（一）社会资本的内部结构

根据社会资本理论的论述，结构型社会资本、认知型社会资本、关系型社会资本是不同组织之间的一种特殊资源，相关企业可以通过摄取这种资本并加以利用得到利益，从而为企业新知识的创造与能力的提高供给资源保障。在目前多数企业重视外部资源获取的情况下，企业与社会行为主体之间的网络关系和网络资源构成了其所拥有的社会资本，而社会资本不同维度之间并非平行关系，而是具有一定的关联。

首先，结构性联系或纽带是社会资本的一个基本方面，因为它们为社会资本交易创造了机会（Adler & Kwon，2002）。社会交往越频繁、越深入的企业在合作过程中越容易产生相似的观点（Ortiz et al.，2018）。从这个意义上说，动荡情境下企业之间的沟通有助于发展组织之间的共同理解或愿景（Bharati et al.，2015）。Tiwana（2008）认为，社会网络中的强关系和重复的交互关系（结构社会资本）促进规则、编码、共同认知/价值观等（认知社会资本）的采用。在合作网络中经常联系的组织更倾向于共享某种相似的文化。与接触较少的组织相比，它们也将分享更多的同类价值体系。其次，组织之间的互动为激发信任和感知可信度创造了机会。随着社会互动次数的增加，合作企业之间的信任也在发展。因此，组织间的交互可以帮助企业与其他组织建立相互信任的关系（Prieto-Pastor et al.，2018）。正如 Tsai 和 Ghoshal（1998）所说，结构型社会资本促进了信任度（关系社会资本）的发展，使得企业能够积累相关的社会资本。最后，社会资本的认知维度意味着组织之间具有共同价值观和共同愿景。有意义的知识交流需要各方之间存在共同理解，这些共同的价值观和理解促进了信任关系的发展。而且，拥有相似价值观的实体很可能被其他主体认为值得信任，进而诱导组织合作（Inkpen & Tsang，2005）。因而，结构型社会资本可以促进认知型社会资本和关系型社会资本的发展，认知型社会资本能够引导关系型社会资本的形成。

（二）社会资本与知识创造

随着企业与其他社会团体联系的增加，社会资本的丰富度也随之提高，提供企业参与知识创造的条件与资源。这是因为环境变动情况下的企业与不同行为主体之间的交互联系可能更加频繁、更加信任彼此，而且更加愿意在合作的基础上构建共同的互惠互赢战略目标（Gooderham et al.，2011）。结构型社会资本的丰富，促使企业与上下游企业之间发展更多的关联，这为企业利用外部社会资本与内部知识资源进行知识创造提供了更多的机会与话语权。同样，若企业与外部其他企业或主体之间具有相似的价值观、共同的愿景等（认知型社会资本），那么，在目标同质化的前提下，企业认同外部社会资本的可靠性，对企业利用这些资源指导知识创造意义重大（García-Villaverde et al.，2018）。同时，对于与同类或者上下游企业之间关系更加融洽的企业来说，其在获取更多外部社会资本展开知识创造上具备更多的优势。这是因为原本具有一定社会地位的企业，在具备更多知识搜集与知识获取位置优势的同时，对组织社会资本的了解也更加广泛，信任度逐渐增加，对企业知识创造来说是较好的帮助（Zhao et al.，2016）。因此，结构型社会资本、认知型社会资本、关系型社会资本均对知识创造存在积极影响。

（三）社会资本、知识创造、惯例更新与动态能力

根据动态能力理论的阐述，企业通过连续变革清除内生劣势的能力构成动态能力，核心基础是知识资源，企业不断寻求新知识的进程也是改变组织能力的过程。换言之，动态能力的形成实际上是组织知识不断演化的本质映射，知识吸收、知识创新等一系列的知识管理活动都可以对动态能力的形成机制产生影响，特别是知识创造行为（胡钢和曹兴，2014）。而社会资本理论认为，多数情况下的知识创新以组织外的资源为主导，组织社会资本不仅能够为知识创造提供条件或场景，而且为知识创造提供外部高价值密度的新知识资源，确保企业知识创造的可行性（Pellegrini et al.，2019）。惯例基础理论指出，组织惯例是指导组织行为的准则、条例和标准等，代表的是全部规则（Ritala，2012），也是一系列元惯例的集合，是知识与能力联结的节点。因此，社会资本是推进知识创造的前沿性因素，同时知识创造和惯例更新是推动企业动态能力演进的中心要素，而且社会资本对动态能力的作用方式以知识创造为桥梁。

随着环境的变化，组织惯例中不断有企业通过知识创造所积累的知识与需求嵌入，推动组织不同规则和行为的演化与更新（Sune & Gibb，2015）。与此同时，组织惯例的不断更新满足了企业对各种知识的有序整合、及时吸收以及高效利用，激发知识创造的顺利实施。知识创造与惯例更新之间的有序互动、彼此耦合可以系统地解释动态能力的形成机理，即在动态能力形成过程中，外部环境变化和知识创造需求推动惯例更新，新知识嵌入改善组织规章制度等组织惯例更新行为之列，知识创造和惯例更新共同影响动态能力。同时，新惯例的形成有助于管理并推动企业实施更为便捷的新知识创造活动。因而，当惯例更新的速度不同

时，知识创造对动态能力的影响也会不同（刘立娜和于渤，2019）。

基于以上分析，本书将研究社会资本的内部结构（结构、认知、关系）、社会资本不同维度对知识创造的作用方式、知识创造对动态能力的影响机理以及惯例更新在知识创造与动态能力之间发挥正向调节作用。综上所述，概念模型如图3-3所示。

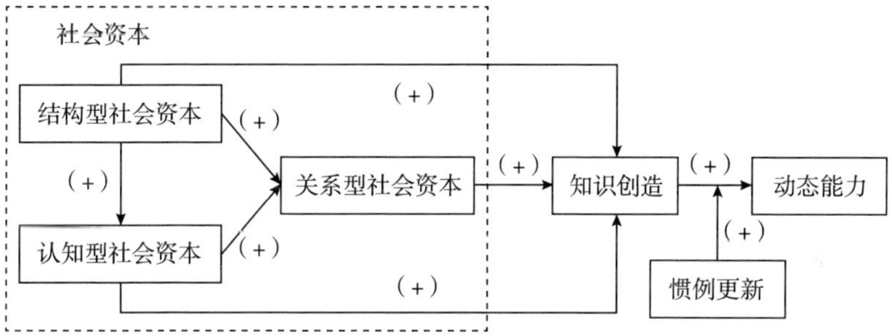

图3-3　概念模型

第三节　本章小结

本章对社会资本、知识创造、惯例更新与动态能力关系研究这一问题的相关变量进行了要素概念界定与维度划分，在梳理不同变量之间关系的基础上，构建了厘清结构型社会资本、认知型社会资本、关系型社会资本、知识创造、组织惯例更新、动态能力之间关系的理论模型，引导下文关系假设的提出。

第四章　研究假设提出

本章将在前文理论分析和模型构建的基础上探讨概念模型中所包含的各变量之间的关系并提出相应假设，主要内容涉及社会资本不同维度之间的关系研究、社会资本三个维度与知识创造之间的关系研究、知识创造与动态能力之间的关系研究、知识创造的中介作用研究以及惯例更新的调节作用研究。本章的主要目的是从理论方面解释社会资本如何影响知识创造，同时讨论社会资本、知识创造对动态能力的影响。

第一节　社会资本不同维度之间的关系

一、结构型社会资本与认知型社会资本

社会资本的结构维度是不同主体之间建立社会联结的模式，表现为企业与外部利益相关者相互关联的密切程度、频繁程度、联系数量以及联系质量（互动强度）等。认知型社会资本表现为行动者之间的共享话题、共同价值观、共享愿景以及共享文化等。虽然很多学者认为社会资本的不同维度之间是平行关系，但本书认为，结构型社会资本应该是促进认知型社会资本产生与丰富的刺激性因素（Tsai & Ghoshal，1998），特别是在当前外部环境变化迅速的情境下，结构型社会资本的存在将激发企业共享语言、价值观、愿景以及文化的互联（刘海鑫等，

2014）。其原因如下：根据社会资本理论和社会交互原则，作为企业与外部相关主体在社会网络中构建关联的特定资源，结构型社会资本的四个方面将直接影响认知型社会资本的四个方面（Ortiz et al.，2018）。

一方面，企业与外部相关主体的联系越频繁和紧密，不同组织间的社会互动越丰富。关于组织社会化的文献研究认为，社会互动允许不同组织之间进行有效的资源交换及信息沟通，这也是企业间产生共同话题、共享语言的桥梁。同时，在社会网络中有频繁且密切联系的组织之间更加倾向于分享共同的组织文化。同样地，与组织间联系较少的企业相比，具有频繁或紧密联系的企业之间也会开发更多方式共享组织的价值观体系。另外，组织间丰富的社会互动促进了组织规则和实践的创造和采用，构成组织间不同信念传递与组织愿景共享的渠道（Prieto-Pastor et al.，2018）。因此，嵌入在高度互联环境中的企业之间将具有共同行为预期、共享价值观以及共同话题和文化等。

另一方面，企业与外部相关主体之间相互关联的数量越多、质量越高，表明其与相关组织之间的结构型社会资本的有效性越高，社会互动的有效性也越高，有效的社会互动是企业之间发展共享话题和组织文化、构建相似的价值观和愿景的触发器。与组织社会化相关的文献认为，社会交互的有效性帮助企业认识、创建并采用一系列新的价值观、规范、目标和实践，不同行动者之间的社会交互结构影响组织共享视角的形成。与此相似，由于处在同类社会网络中的企业具有类似的信息流和社会影响，这就使得组织间通用规则的扩散更加便捷。因此，Liu等（2018）认为不同行为主体之间联系数量的多少以及互动强度的高低都会对企业的目标共享和价值观共享有一定影响，而且具有相似联系数量和互动强度的企业会产生一种“归属感”，这种归属感促使企业之间可以分享并明确共同的发展愿景，同时形成语言和文化上的共同原则（Mc Elroy et al.，2006）。

总之，在社会网络中，企业之间的相互作用越强烈、越频繁、越密切，就越有可能具有共同话题和共同发展愿景，也就越有机会形成共同的价值观与共同的文化等。例如，当一个组织及其合作伙伴使用某些技术与客户交流时，将产生对这些技术利用的共同理解。因此，社会互动可以帮助企业形成一套共同的目标、愿景和价值观（Bharati et al.，2015）。结构型社会资本对认知型社会资本的影响机理如图 4-1 所示。

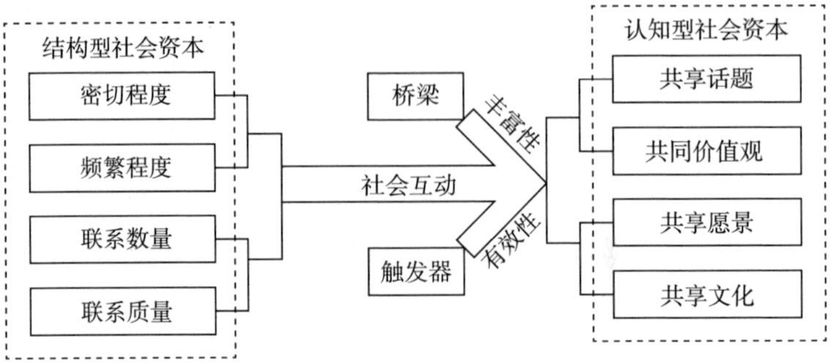

图 4-1　结构型社会资本对认知型社会资本的影响机理

基于以上分析，提出以下假设：

H1：结构型社会资本对认知型社会资本具有显著正向影响。

二、结构型社会资本与关系型社会资本

Tsai 和 Ghoshal（1998）通过理论分析认为，结构型社会资本促进社会网络中行动主体之间彼此信任度的提高，保证企业可以积累与信任相关的关系型社会资本。与认知型社会资本类似，由结构型社会资本刺激所产生的社会互动同样是关系型社会资本形成和发展的渠道。如上文所述，结构型社会资本包括行为主体之间相互关联的密切程度、频繁程度、联系数量以及联系质量（互动强度）四个方面，关系型社会资本指的是企业与外部行动主体之间通过互动所建立的人际关系，表现为信任、互惠行为、组织间合作与承诺等（Bharati et al.，2015）。基于社会资本理论，结构型社会资本对关系型社会资本的影响路径或影响过程可以总结为以下两个方面：

一方面，企业与外部合作组织的互动是社会关联的前提，正所谓“先有接触才有深入的联系”，组织间信任关系、互惠行为、合作行为以及承诺的形成首先需要的是“接触”，接触之后有了深入了解，各种关系方得以建立（Prieto-Pastor et al.，2018）。先前的研究表明，组织间信任关系是由频繁而亲密的社会互动演变而来的。频繁的、密切的社会互动是企业与各行为主体之间相互了解信息、相互分享知识资源、创建共同观点的纽带（Ortiz et al.，2018）。因此，通过组织间的相互关联，不同企业之间可以实现深层次的了解与信任。这为企业之间

的业务联系提供有形或无形的支持。社会交互程度越高，表示组织与组织之间就越有可能发展信任关系，认为彼此是值得信赖的，因而使得不同企业之间的信息交换、资源以及其他形式的交易均变得透明、便捷（Bharati et al.，2015）。

另一方面，随着组织间互动强度的逐渐提高，企业与其他主体之间联系的数量不断增加、质量不断提高。与此同时，企业之间的广泛联系也为组织间信息的互相咨询提供机会，并且促使组织间发展额外的关系，从而提高不同组织间的信任程度。在该情形下，企业同各行为主体之间建立合作关系、开展互惠活动、展开组织承诺的可能性就变得更大。因而，组织间的社会互动性强、质量高，表明企业可以直接评估关系中任何一方的可信程度（Carey et al.，2011），减少机会主义倾向，避免组织间冲突，提高组织间默契程度，从而强化组织间合作关系与互惠行为的实施。

总之，根据结构型社会资本形成和参与配置的环境与条件，组织间信任度、互惠行为、合作关系和承诺等会伴着组织的互动而发展，并且会随着时间的推移而改变。在这种条件下，关系型社会资本的发展依赖于组织之间积极和重复的社会交互活动，即结构型社会资本可以激发组织间信任，从而催化关系型社会资本的发展（Tsai & Ghoshal，1998；Stephanie et al.，2019）。例如，若企业在发展初期能够与本行业内的相关核心企业建立关联，则该企业会拥有较多的关系资源，从而有助于该企业的发展。结构型社会资本对关系型社会资本的影响机理如图4-2所示。

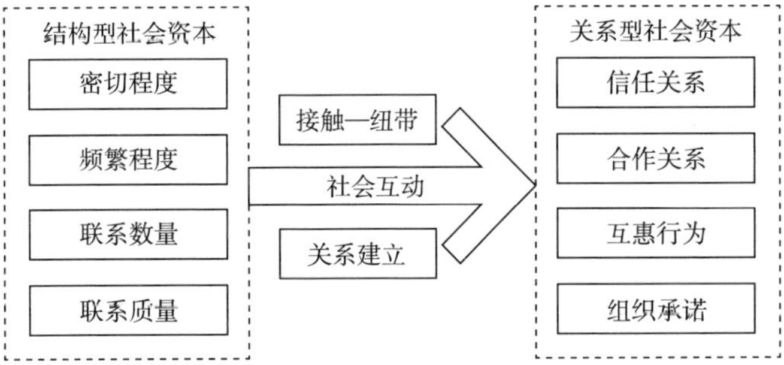

图4-2　结构型社会资本对关系型社会资本的影响机理

基于以上分析，提出以下假设：

H2：结构型社会资本对关系型社会资本具有显著正向影响。

三、认知型社会资本与关系型社会资本

社会资本的认知维度也可以促进组织间信任关系、互惠行为、合作关系、组织承诺等的出现（Tsai & Ghoshal，1998）。这是因为认知型社会资本是一种导向型资源，为企业间关系型资源的发展提供系统化、完整化的指导。具有共同话题或相同语言的企业之间、不同企业的员工之间更加可能进行正式或者非正式的交流，这种共享的语言促使员工甚至是企业产生一种安全感，保证企业与不同主体之间进行有效沟通与交流，这对合作关系的发展有较大帮助（Prieto－Pastor et al.，2018）；具有相同价值观或组织信念的企业之间更加有可能进行信息交换、资源共享以及相互交易。正如 García－Villaverde 等（2018）所提出的，共同的价值观和信念提供了利益和谐及企业之间合作的机会，降低了机会主义的可能性；具有相似组织规范或文化的企业之间更加有可能展开合作，开展互惠行为。这是因为相同组织规范的存在降低了不同企业之间的不兼容性，清除组织间的认知壁垒，有利于不同企业参与合作，以及组织间信任关系的构建（Ortiz et al.，2018）；具有相似发展目标或共享愿景的企业之间更加有可能建立信任关系，这是因为企业之间可以为了相同目标或企业战略而合作，并且不会因为任何组织的自身利益而对另外的企业造成不良影响。虽然信任不是组织间合作的必要条件，而且合作并不一定让一方面临风险，但是不同企业在战略导向基础上的兼容性声明、和谐性行动以及对其他组织知识和能力的认识将提高双方之间的信任程度，即组织间的共享愿景、共同目标等可以帮助企业之间构建信任的关系（郑大庆等，2020）。例如，大众点评和美团团购之间共同的战略目标引导这两个企业构建合作关系网络，创造两者长久发展的条件。

因此，可以总结为：认知型社会资本是关系型社会资本形成与发展的辅助条件，认知型社会资本的相似价值观体系或共同话题促进组织间的合作，认知型社会资本的组织规范和文化可以清除企业之间的不兼容问题，实现企业间的互惠与承诺（Bharati et al.，2015）。认知型社会资本的共享愿景或共同战略有利于企业合作关系基础上信任关系的建立，进而促进企业与企业之间互惠活动、组织间承

诺的展开与实施。认知型社会资本不同方面对关系型社会资本不同方面的影响途径并非只有上述单一的形式，它们之间存在一定的交叉或者互补，共同为丰富关系型社会资本提供借鉴。认知型社会资本对关系型社会资本的影响机理如图 4-3 所示。

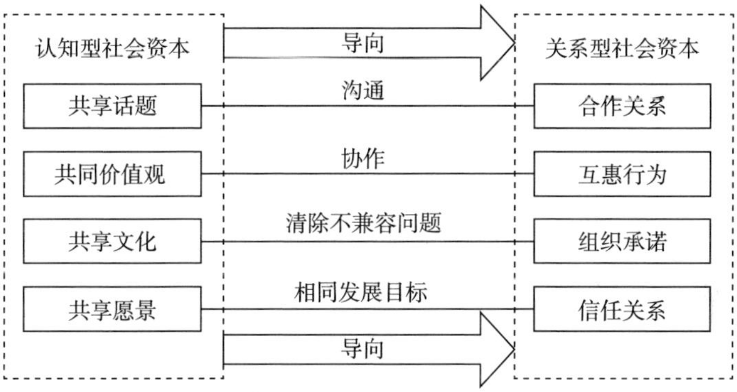

图 4-3　认知型社会资本对关系型社会资本的影响机理

基于以上分析，提出以下假设：

H3：认知型社会资本对关系型社会资本具有显著正向影响。

第二节　社会资本与知识创造的关系

知识创造是个体、团队和组织循环参与的知识螺旋，知识交换和融合是两个重要方面。目前企业所处的环境不再持续稳定，且企业积累和创造新知识的过程发生在对应的社会情境下，知识创造的复杂性以及外部知识资源优劣势的互补性便在该过程中凸显出来。成功的企业知识创造不能单纯局限于对组织内部资源的操作，多样化的外部资源更加值得重视。但无论是外部获取还是内部发展，综合的知识创造与互动密切相关，这种互动不仅存在于组织内部，而且更有可能发生在不同组织之间。因而，需要不断强化合作组织之间的横向联络，并且从合作网络中获得技术性知识、管理性知识、生产性知识以及市场性知识等，以丰富企业的知识存量（王凤彬等，2008；Xi et al.，2020）。外部组织间的资源是本书研究的社会资本，具有多样化的特点，可拓宽至结构、认知和关系三个方面，每个维度均可以积极影响知识创造（Nahapiet & Ghoshal，1998）。

基于社会资本和知识管理的理论基础，本书认为可以引导企业自主应对环境动荡性的关键是互补性知识，社会资本将弥补企业知识创造活动中外生资源不足、内生资源僵化的短板，对知识创造有促进作用，是企业知识创新的重要来源，即社会资本对知识创造具有积极影响。日本学者 Nonaka 曾经提出“场”的概念，认为知识创造发生的互动环境至关重要。而社会资本的首要作用便是帮助企业在复杂的社会结构中构建适合自身知识创造的环境。首先，结构型社会资本可以提供不同行为主体参与边界谈判的条件，促使“场”的形成。其次，认知型社会资本重在引导企业在不确定环境下实施知识创造的意愿。最后，关系型社会资本是企业识别并获得广泛、及时以及与之相似或互补知识资源的推手，进而提升企业自身的知识创造水平。社会资本对知识创造的作用明显异于其他外部资源，因重视社会资本而引入的异质性、互补性、兼容性知识提供企业知识交换和知识整合的知识流量，有利于产生更加新颖且符合需求的多种类型的知识。

总而言之，考虑到企业目前所处的外部社会环境，结构型社会资本、认知型社会资本以及关系型社会资本等都会深刻地影响企业的知识创造（知识交换与知识整合）。社会资本对知识创造影响的总机理如图 4-4 所示。同时，关于社会资本的不同维度对企业知识创造的影响路线及相关假设提出过程分析见下文。

一、结构型社会资本与知识创造

上文已经明确结构型社会资本主要包括组织间联系的密切程度、联系的频繁程度、联系数量和联系质量，这四个方面对知识创造的两个方面均产生一定的积极影响（Chow & Chan，2008），同时说明企业实施知识创造的条件创造者是结构型社会资本，强化企业和这类组织的互动将激励知识创造（Lang，2004）。具体解释如下：

首先，在知识交换方面，结构型社会资本是组织之间的社会互动和社会联系，代表不同企业之间知识交换的数量和联系的紧密程度，为组织之间知识流动

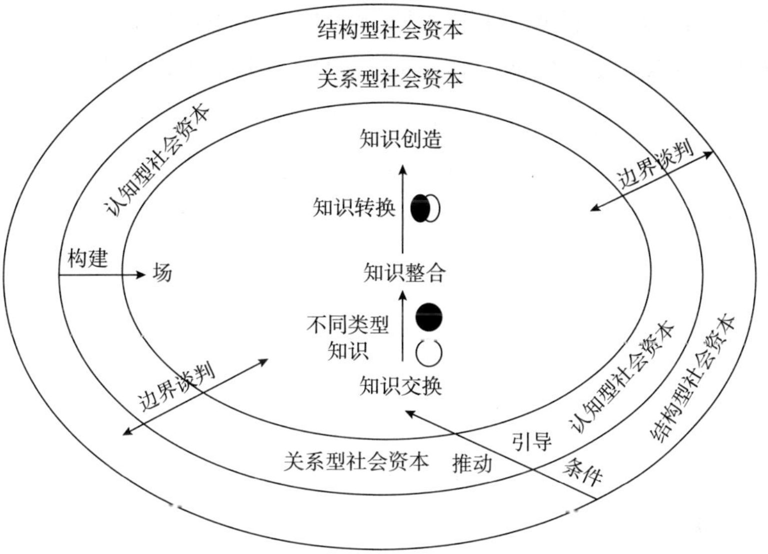

图 4-4　社会资本对知识创造影响的总机理

和信息交流提供了渠道（Inkpen & Tsang，2016）。而且与上下游企业之间关系密切、联系频繁的企业将以更加开放的模式参与异构组织间的知识交流，有助于管理经验的分享和产品生产流程的彼此借鉴（Pao et al.，2020）。另外，大规模的宽泛组织间互动为企业提供更多获取不同类型的互补性知识和兼容性信息的机会，如管理性知识、市场性知识以及技术性知识等（Alguezaui & Filieri，2010）。一个企业在社会联系中的联结点（联系数量）越多，侧面说明企业与销售商等利益相关者之间的互动强度（联系质量）越大，表明企业就有越多的机会熟知市场需求、识别市场性知识、探寻其他企业的技术性知识（Filieri & Alguezaui，2014），推动组织间知识交换。

其次，在知识整合方面，组织间频繁的、密切的联系和互动提高了不同企业对合作发展的期望值，消除企业参与知识整合的认识误区。同时，越来越多的联系可以“告知”企业所需知识的数量和质量（Smith et al.，2005），降低其随意进行知识整合的风险。另外，上下游企业之间参与的知识分享越频繁，发生新旧知识传递的机会就越多，知识创造成功的可能性就越大。与此同时，与具有较少社会关系的企业相比，具有较多社会关系的企业更加有可能获得更多不同类型的知识资源，异质性知识是知识整合的重要元素（Alguezaui & Filieri，2010），进而促进新的管理性知识、技术性知识等的创造。而且质量较高的社会互动关系提高了更多的参与者贡献、分享和使用来自其他企业知识或信息的可能性，而信息搜索、知识共享和知识利用等活动是知识整合的基础，体现创新成果的重要性。

Schilling（2009）针对 11 个行业联盟网络的 1100 多个公司进行纵向研究的结果表明，社会网络的结构影响企业知识创造的潜力，缩短非冗余联结企业之间的知识距离，促进企业之间的沟通与合作，促使企业挖掘更为广泛的知识资源。Zelaya-Zamora 和 Senoo（2013）针对制造企业创新联盟的现状，提出企业间集结联盟的互动交流（结构型社会资本）有利于构建知识交换和知识整合平台，最终提高企业知识创造能力。Segarra-Ciprés 等（2014）采用实证方法选取生物科技行业进行研究，指出社会网络联系紧密的企业之间的相互交流与学习能够激发知识创新意识，推动知识创造。结构型社会资本对知识创造的影响机理如图 4-5 所示。

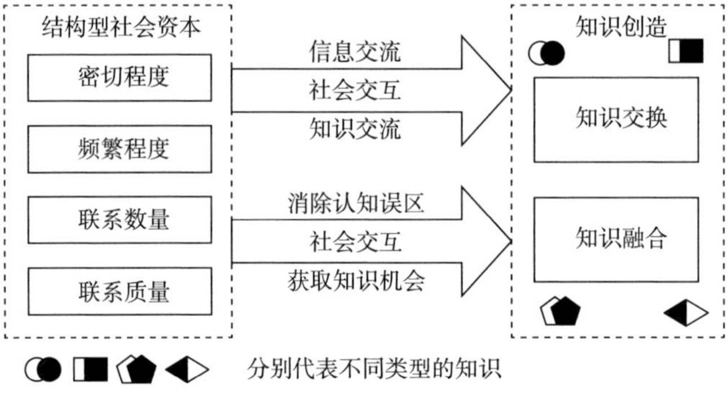

图 4-5　结构型社会资本对知识创造的影响机理

基于以上分析，提出以下假设：

H4：结构型社会资本对知识创造具有显著正向影响。

二、认知型社会资本与知识创造

社会资本的认知维度代表不同组织之间的共同愿景、相似观点、共享语言等，激发企业展开知识创造的意愿。组织的知识创造依赖于企业与外部相关主体之间是否有共享愿景、共同价值观、共同语言以及共同文化。当不同的参与者拥有相似的经验或组织规范时，企业之间就存在共享愿景，而且无论这些经验是组织、团队层面的还是个人层面的，都可以被应用到知识创造的场景中（Robert et al.，2008）。与企业规则或政策类似，认知型社会资本为知识创造提供了一幅认知地图，“明确”企业应该在哪里以及如何利用组织资源来完成共同任务。基于这样的规范，企业从事知识创造的意愿得以增强，外部各种类型有效知识的质量和数量得以控制，彼此间形成共识，组织行为不确定性得以降低。

因此，在知识交换方面，具有共同愿景的企业之间可以相互理解，并准确解释它们工作计划的合理性，从而协调它们的行为，确保组织行为可以适应任务的需求，因而共同愿景对于组织间的知识交换非常重要。同时，共同价值观为知识交换潜在价值的发现提供思想指导（Exposito et al.，2015）。此外，由于共同文化会影响企业对知识有用性的理解，在社会关联中，若其中的组织文化和共同语言已经存在或被共享，企业将更容易从其他企业获得相关的管理性或经验性知识资源（Inkpen & Tsang，2005）。

在知识整合方面，认知型社会资本是一种有助于知识整合的“联结机制”（Inkpen & Tsang，2016），使得企业参与者能够快速地将信息处理为有意义的模型，提高知识整合效率，从而创造多种不同种类的知识（Robert et al.，2008）。特别地，共同愿景是企业了解并理解外来知识的助推器，这对内外部知识资源的整合十分关键（Inkpen & Tsang，2005）。同时，对于较为专业的、系统的、粒度较小的知识（如管理性知识）来说，可以通过使用某种“共享语言”来有效交流，这种语言产生于重复的复杂事务（Lang，2004；Xi et al.，2020）。简而言之，企业可以从共享的视角通过改善知识流动的方向和强度来促进知识整合。另外，如果企业之间没有共同文化或价值观，就不太可能了解知识创新工作中存在什么期望，要度量什么结果，或者在运行中使用什么模型。在这种模糊的环境中，即使企业有知识创造的动机，也可能不知道如何进行知识创造（Cauwelier et al.，2019）。再次强调了认知型社会资本对知识创造的指导作用。

Szulanski 等（2004）的研究中指出，知识创造及其有效性取决于知识获取，而外部知识获取遵循企业的元认知能力——反思能力和理解能力。这条推理意味着认知型社会资本可以帮助企业从合作伙伴那里识别有价值的知识，并为获取这些知识制定深思熟虑的策略，进而促进知识创造。Bolino 等（2002）通过研究指出，知识创造需要企业从其他组织或知识库中识别高价值知识的认知规则，因而认知型社会资本对知识创造有重要引导作用，因为它允许组织之间通过共享语言和共同叙述相互了解知识创造的情境。类似地，Elyas 等（2012）分析了共享语言、相似经验与知识创造之间的关系，结果是确定的，因为他们发现共同经历有助于确定新商机，共同语言对知识创造有显著影响。Mura 等（2013）的研究表明，网络成员间的共同话题和共享代码对知识探索具有积极而显著的影响。Goswami 和 Agrawal（2020）通过实证分析，提出组织间共享目标和愿景显著地正向影响知识创造。认知型社会资本对知识创造的影响机理如图 4-6 所示。

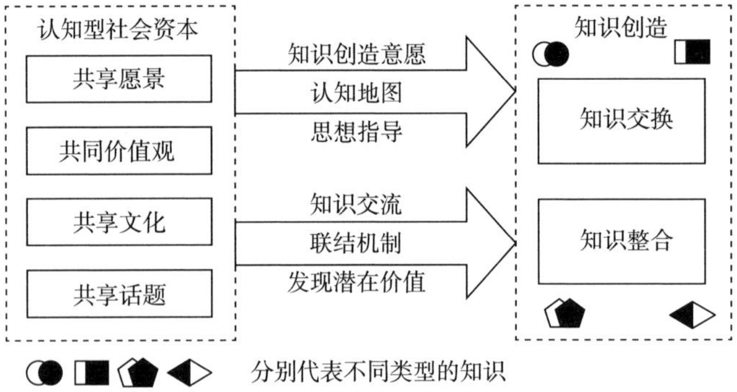

图 4-6 认知型社会资本对知识创造的影响机理

基于以上分析，提出以下假设：

H5：认知型社会资本对知识创造具有显著正向影响。

三、关系型社会资本与知识创造

组织间的互相信任、丰富的情感承诺、较多的合作与互惠行为等都是关系型社会资本的重要体现，支撑企业降低知识创造的封闭性，是知识创造活动的重要推动者。这类关系具有非正式性，基本载体多为人际关系，以组织间信任为导向，坚持道德约束，不存在严格的制度约束。同不具有任何关系的合作企业相比，特别是在中国情境下，若不同组织之间可以参与基于信任的广泛、开放、深入的交流与合作，知识创造的敌对性也会随之降低，从而促进全方位的知识共享与创新。

从知识交换方面来说，当知识交换涉及风险不确定性时，组织间的信任会促进合作和普遍的互惠行为，即只有高度信任的企业之间才能克服知识交换过程中信息不对称造成的风险。这是因为组织间信任、互惠行为、组织间承诺等可以使企业证明其进行知识交换的决策是正确的，从而确保企业间技术性或市场性知识的交流成为可能。同时，关系型社会资本能够降低合作方对对方机会主义行为的恐惧，当双方彼此信任且愿意展开互惠与合作时，会更加愿意分享资源，而很少考虑损害合作方的利益（Pellegrini et al.，2019）。因此，当关系型社会资本存在时，特定的知识交流将会产生，如管理型知识的讨论或操作型知识的共享等，这对企业知识创造作用显著。

从知识整合方面来说，在基于信任和互惠的关系中，外部知识资源的可靠性得以提高，企业知识创造的动机变得更加明确。这是因为关系型社会资本通过增加信息和知识交换的数量、质量和类型，促进知识的整合利用，有助于克服"搭便车"现象，从而改善知识创造效果（Andrews & Delahaye，2000）。而且，对于企业来说，关系型社会资本支持企业从可信来源吸收和整合知识，在相对合作与承诺的社会关系中，企业更加有可能寻求建议或帮助，此时外部知识资源的开放性较高，因而增加了知识创造的机会。

Yli-Renko 等（2001）在研究中认为，新创业企业与供应商或顾客之间存在互惠关系，体现的是互相承担风险的豁达，是创建企业知识广泛交换和信息共享的条件。Williams 和 Nones（2009）通过研究表明，外部网络中的关系型社会资本可以使子公司获得和利用对研发至关重要的知识。Castro 和 Roldán（2013）认为，由于在组织间关系中共享专有技术的成本很高，建立在互惠和信任基础上的关系可以减少监视和讨价还价协议的时间成本，建立基于非正式联系的、互相信赖的、属于自我实施的治理机制，能够提供知识分享的渠道并有效地阻挡"搭便车"行为。Ciabuschi 等（2014）的研究显示，对企业知识创新活动产生直接影响的是组织外部的关系型社会资本。Michailova 和 Zhan（2015）指出，企业外部关系型社会资本主要指供应商、客户、分销商、竞争对手之间的联系，可以作为开发新产品的参考（Jiménez-Jiménez et al.，2014）。关系型社会资本对知识创造的影响机理如图 4-7 所示。

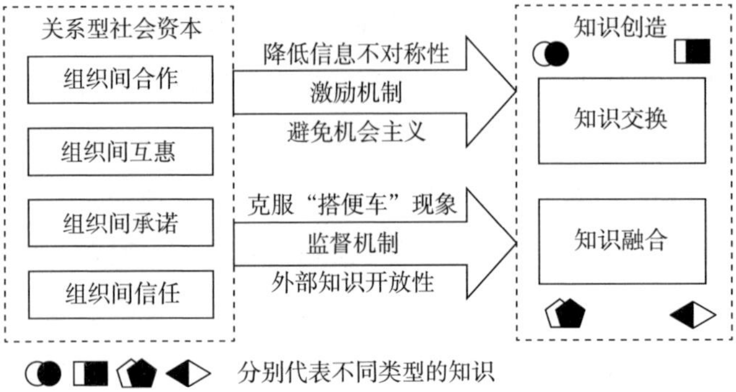

图 4-7　关系型社会资本对知识创造的影响机理

基于以上分析，提出以下假设：

H6：关系型社会资本对知识创造具有显著正向影响。

四、认知型社会资本与关系型社会资本的链式中介作用

社会资本理论提及，组织间交互的形成促使不同企业构建共享愿景，而后在共同发展目标的指引下企业间的关系得以转化，即组织间信任、互惠的关系得以建立，这一系列操作为核心企业知识创造提供资源条件和场景，从而保证了核心企业知识创新的可行性与高效性（Prieto-Pastor et al.，2018）。这是因为不同组织之间的认知型社会资本并非“无中生有”，即只有当某企业处于一定的社会关系中，且同与其相关的组织有社会互动时，企业间的共享愿景、共同价值观、共享话题或语言、共享文化等方能出现。企业与上下游企业之间的链接以另辟蹊径的方式促使组织间认知型社会资本的形成与发展。认知型社会资本可以帮助企业重新塑造组织间的信任关系、激发组织间的互惠行为、促进组织间的合作，进而引导组织间知识交换和知识整合，促进知识创新，即当组织间的共享愿景、共享话题、共同价值观、共同文化（认知型社会资本）存在时，可能对企业知识创造起引导作用，但若需要开展知识创造的企业对组织间关系没有足够的信任（关

系型社会资本），可能会抑制该企业知识创造的激情（Adler & Kwon，2002）。关系型社会资本作为枢纽而存在，将投机行为的动机降至最低，鼓励企业实施知识创造（Goswami & Agrawal，2020）。换句话说，即使企业与外部组织之间的认知型社会资本丰富，具有相似意愿、共同话题、共同价值观念等，但是若它们之间没有合作、信任甚至彼此承诺的联结，核心企业利用结构型社会资本实施知识创造的效率仍会降低，甚至无从下手。故而认知型社会资本和关系型社会资本会影响结构型社会资本与知识创造之间的关系。

另外，上文论述了结构型社会资本对认知型社会资本和关系型社会资本有显著的促进作用，认知型社会资本对关系型社会资本具有显著的促进作用。因此，结构型社会资本可以通过促进认知型社会资本，进而推动关系型社会资本影响企业知识创造，认知型社会资本和关系型社会资本可以被认为是结构型社会资本与知识创造之间的递推媒介，即链式中介变量。

基于以上分析，提出以下假设：

H7：认知型社会资本和关系型社会资本在结构型社会资本和知识创造之间具有链式中介作用。

第三节　知识创造与动态能力的关系

企业竞争优势是利用动态能力的影响产生并维持的（Winter & Szulansk，2001；Winter，2013；Zollo & Winter，2002）。根据 Eisenhardt 和 Martin（2000）的观点，动态能力是具体的、可识别的和特定的组织惯例，目的是操纵组织的知识资源。Eisenhardt 和 Martin（2000）认为动态能力存在于众所周知的组织运营过程中，如基于知识的新产品开发、联盟和战略决策等。根据该论点，可以进一步推论，动态能力是由一系列的知识管理活动或过程组成的，这就建立了知识管理和动态能力之间的联系。基于知识管理理论和动态能力理论，知识会随着科学技术的不断进步而淘汰，为了建立并保持竞争优势，企业需要利用知识创造的杠杆作用定期创造新知识（Wohlgemuth & Wenzel，2016）。知识创造是指企业自主创造新知识的能力、过程或行为，是新知识流量的内在源泉（Smith et al.，2005）。企业中任何能力的形成均以知识资源为基础，动态能力也不例外，企业若要提高动态能力，需要新的知识，而知识创造可以帮助企业实现知识的创新，因而知识创造是企业动态能力发展的助推器（Schilke et al.，2018）。但是在知识创造的基础上，新知识向动态能力的转换还需要一系列隐性的知识管理活动，如知识共享、知识利用等活动。在该部分，本书主要关注与知识开发、知识重新组合以及知识资源利用相关的三种重要动态能力（Gianmario & Davide，2003），这些动态能力被视为在企业知识创造中创造价值的关键。将动态能力的发展与知识管理活动联系起来，形成知识创造对动态能力的影响机理，如图 4-8 所示。

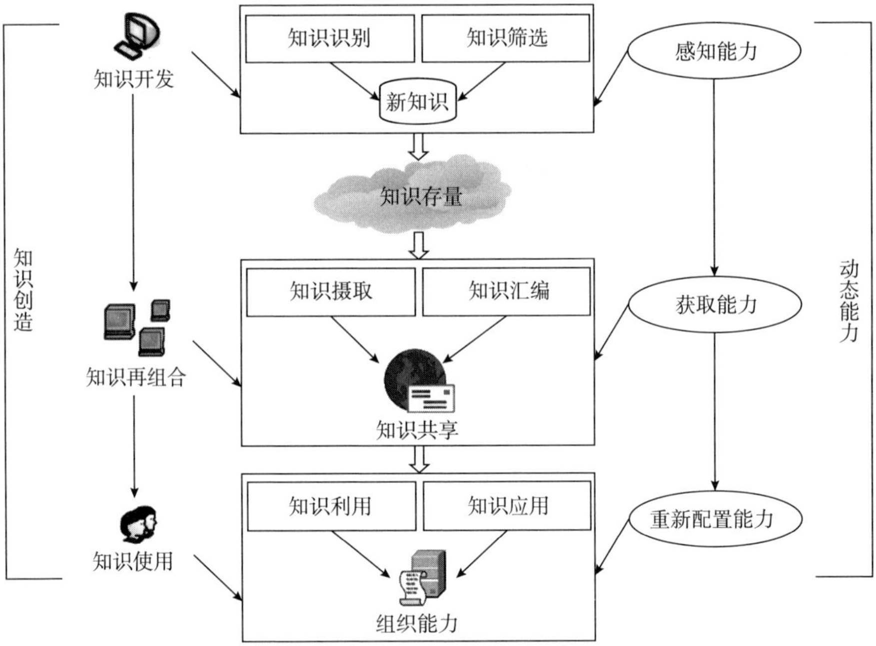

图 4-8 知识创造对动态能力的影响机理

具体解释如下：第一阶段与知识相关的动态能力是知识开发，企业在此过程中识别机会并筛选外部知识资源，形成感知能力。第二阶段是知识（再）重新组合，将企业从外部网络关系中摄取的知识与企业内部的知识资源进行组合汇编，实现知识创造，形成获取能力。第三阶段的动态能力是对新知识的使用，包括普通利用和特殊应用，即企业现存的和新颖的知识资源被用于一般和特别的企业价值创造活动，形成重新配置能力，体现为对新旧知识管理体系的再次安排与构建。根据图 4-8 动态能力的发展脉络可以认为，与组织能力创新相关的知识开发、重组与利用是一种动态能力，说明可以将已知的知识创造活动聚集成动态能力。反过来，这些动态能力可以影响企业能力的形成与创新。

学者们已经测试了知识创造对于动态能力的重要性和关键性。Kogut 和 Zander（2003）发现，企业能力基础改变的原因在于企业现有知识资源和技术的重组。Smith 等（2005）发现，知识创造与动态能力呈正相关关系，同时界定了与知识创造有关的三种类型的前因变量：企业的知识存量、社会网络关系以及组织惯例。Griffith 等（2006）发现，拥有知识资源可以帮助小型零售商提升应对环境变化的能力，企业积累的知识资源越多，其动态能力就越强。Schilke 等（2018）通过研究知识创造能力和产品创新能力的关系，指出产品创新性与开发新产品所需新知识的数量与企业创造力高度相关，而有学者将创新能力归结为动态能力的分支。有的学者认为，拥有强大知识创造能力的企业不仅能够创造更多的新知识，而且能够因为开发更多的创新型产品而产生更多的创造性知识（Wu，2008；Schilke et al.，2018）。相比之下，缺乏知识创造能力的企业在产生新知识，特别是创造性知识和高度创新的产品方面往往存在更多困难。

基于以上分析，提出以下假设：

H8：知识创造对动态能力具有显著正向影响。

第四节　知识创造的中介作用

1. 关系型社会资本与知识创造的链式中介作用

根据动态能力理论和知识管理理论的阐述，在外部环境变幻莫测的情境下，企业对知识创造的要求较高，结构型社会资本对动态能力的作用机理相对复杂。具体阐述如下：企业所需的知识越复杂，说明组织间相互作用（结构型社会资本）的需求就越大，企业间知识传递所需的信任水平（关系型社会资本）也就越高（Audretsch et al.，2011）。因此，关系型社会资本成为维持组织间关系的重要无形资产，在这种关系中，直接的接触和互动都是知识创造所需要的（Sanzo et al.，2012）。在密切的、频繁的、牢固的联系（结构型社会资本）中产生的合作与信任（关系型社会资本）允许不同利益相关者参与有效的知识交流（Yen et al.，2015），提供企业知识创造的条件，因为它减少了正式契约和业务事务中监视机制的必要性，即结构型社会资本对知识创造的影响将取决于企业从外部关系中发展出的关系型社会资本的水平。同时，知识管理理论指出，新知识的价值创造以知识应用为标杆，起点为知识创造，终点为企业能力，特别是动态能力的作用较为突出（Zhou et al.，2019），由此说明结构型社会资本影响知识创造的终点是企业应对环境变化的能力——动态能力。因而，本书认为，在不断变化的社会交互环境中，具有丰富关系型社会资本的企业更加适合实施知识创造，说明知识创造基于企业与其他机构或者其他合作伙伴之间强大的、频繁且密切的联系。管理者需要考虑到，有效企业动态能力的培养以新知识为基础，而知识创造不仅依赖于社会互动的建立，还依赖于“强有力”的承诺鼓励与信任支持。

基于以上分析及前文的阐述，提出以下假设：

H9：关系型社会资本和知识创造在结构型社会资本与动态能力之间具有链式中介作用。

2. 认知型社会资本、关系型社会资本、知识创造的链式中介作用

正如上文所述，社会资本对企业效能的作用机理并不直接，而是基于不同种类社会资本的传递效应。具体阐述如下：某个企业与外部其他行为主体的交互活动会激活不同组织间的认知单元，促使不同企业着手设计共同的发展愿景、制定相似的价值体系，企业之间互相模仿各自优秀的组织文化，驱动企业间合作关系的构建、互惠行为的开展、信任关系的维持，进而引导企业获得外部有用的资源开展有效的知识创造，最终为企业提供可以解决问题的足够知识资源，以提高企业应对环境变化的能力（Zhao et al.，2016）。也就是说，以组织间互动为基础的结构型社会资本可以通过刺激不同行为主体的活动直接影响认知型社会资本，结构型社会资本是认知型社会资本存在的前提；共享愿景、目标、价值观、文化等（认知型社会资本）有助于不同行为主体之间沟通交流与互相鼓励关心，这就为

组织间信任、合作、互惠关系的建立创造认知条件；同时，组织合作伙伴之间的信息传递和知识交换需要彼此的合作与信任，而且信任基础上的信息加工与资源整合也更为有效，知识创造的效果更为优质（Welter，2012），即关系型社会资本会影响认知型社会资本与知识创造之间的关系（Monteiro et al.，2017），结构型社会资本对知识创造的效能可能以认知型社会资本和关系型社会资本为递推媒介；另外，通过社会资本不同维度之间的互相碰撞，企业得以实现真正的知识创造，根据动态能力理论的表述，知识创造为企业动态能力的形成与提高提供资源基础，即经过结构型社会资本、认知型社会资本、关系型社会资本对知识创造的连续叠加作用，知识创造最终作用于企业的动态能力。

基于以上分析及前文的阐述，提出如下假设：

H10：认知型社会资本、关系型社会资本、知识创造在结构型社会资本与动态能力之间具有链式中介作用。

第五节　惯例更新的调节作用

基于惯例基础理论和动态能力理论，在动态能力的本质属性上，学者们达成了共同认识，认可了“为应对外部动荡的环境，利用组织惯例对知识资源进行整合、构建并重新配置的能力就是动态能力”的叙述（Kogut & Zander，2003）。换言之，动态能力以知识为基础，衍生于惯例更新的整个路径之中，复杂且难以捕捉。因此，惯例也成为重点研究对象。本书首先分析知识和惯例协同视角下企业动态能力的形成机理，然后分析惯例更新对知识创造与动态能力关系的影响。已有关于惯例演化或者惯例变革的研究较多，但涉及惯例更新的研究较少。本质上，组织惯例演化进程中蕴含着惯例更新过程（王永伟等，2012；高洋等，2017）。

首先，根据惯例基础理论，组织惯例更新体现为惯例“变异”和“复制”两种，且以知识配置、惯例选择、基础知识管理、惯例保留等为辅助，共同作用于动态能力（Hilliard & Goldstein，2019）。其中，“变异”体现为“在原有知识管理体系上，结合知识创造，实现知识结构和组织惯例的全面创新”。“复制”表现为“新知识在旧知识体系的应用，同时推动组织惯例的修改与完善”（王永伟等，2012）。同时，一系列的知识创造活动和惯例更新活动的匹配，可以不断为企业动态能力的发展奠定基础。其次，惯例分为具有认知特点的表述层和具有行为特点的执行层两种（Feldman & Pentland，2003；Biesenthal et al.，2019）。其中，表述层是企业员工对惯例存在的客观认知，暗含对抽象概念和规则的理解，是引导惯例应用、解释的重要体现。执行层表示的是一种具体行为，这种行为是组织惯例实施者在特定认知地图中所必备的。所以，惯例更新也是行为主体主观认知和具体行为的交互融合，是企业对环境压力的反应，同时体现出知识创造的效果（Carayannis et al.，2017）。最后，在惯例更新和知识创造的铺垫下，基于高水平惯例的企业动态能力得以形成。总之，知识创造和惯例更新协同视角下动态能力的形成机理如图4-9所示。

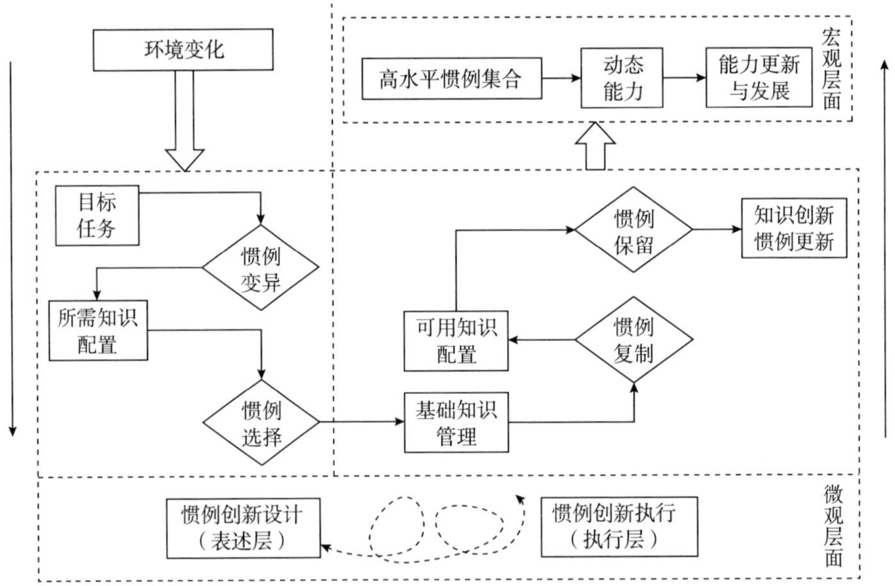

图4-9 知识创造和惯例更新协同对动态能力的影响机理

实际上，动态能力理论认为，知识创造能够推进企业动态能力的形成与发展，直接探究知识创造、惯例更新、动态能力之间的关系，可以比较细化地分析竞争优势的起点，对解决动态能力影响因素研究的分歧有极大价值。上文已经提出知识创造正向影响动态能力，同时根据组织惯例更新对动态能力形成机制的作用，提出惯例更新的调节作用。这是因为：经由知识交换、知识整合、知识编码、知识使用后展开的知识创造具有衬托惯例效能的作用，而且知识从外部获取到内部转化的具体过程体现的是组织惯例的行为机制（Kogut & Zander，2002，2003）。在该过程中，新创造的知识以客观存在的实物或员工大脑为载体而存在，组织成员结合自身理解将所有新知识应用化或实物化，耦合于构成惯例集的组织行为之上，说明知识创造与惯例更新的合作致力于动态能力的发展。

当组织惯例更新的速度较快时，说明惯例此时的感应性、创新性和变革性较强，是企业有意识情况下对组织惯例应用的结果（Feldman & Rafaeli，2002）。这也意味着当企业目前内部环境与外部环境不具有匹配性或者匹配度较低时，管理者对于影响知识创造关键因素的认真反思会被激发，管理者认知提高，此时原有的常规平衡被组织惯例的搜寻和创新所打破，企业开始接受新鲜事物，主动识别并获取外部社会网络中的知识资源，改善知识创造的条件，积极引导知识创造，从而提高企业的动态能力（唐朝永等，2018）。

当组织惯例更新较慢时，表明此时惯例对外界变化的感知能力较弱，组织惯例尚未更新甚至来不及更新。在企业对新知识的需求与外部动态环境不耦合的情境下，企业管理者以及员工的决策思维和认知行为的趋同性便体现出来，组织惰性和成员墨守成规的认知与行为导致组织难以提出与知识创造及环境变化对应的策略，参与实验和试错的机会被很大程度地减少，此时的群体思维也不再是提高动态能力的优势（唐朝永等，2018）。换言之，如果惯例更新赶不上外部环境的变化，可能引起企业以更加缓慢的速度学习外部知识甚至是阻碍知识创新的现象，导致动态能力发展受限。

Feldman 和 Pentland（2003）的分析指出，惯例有效性体现的是组织在感知并应对环境变化过程中的灵敏度，可以延长企业知识需求控制时间，进而实现动态能力效能最大化。Gupta 等（2015）在研究中曾提出，惯例是企业凝聚旧知识、开发新知识的载体，而且由于环境变化带来的挑战可能因为组织惯例更新而避免，动态能力形成的契机和基础得以优化。

基于以上分析，提出以下假设：

H11：惯例更新对知识创造与动态能力之间的关系有显著的正向调节作用。

第六节 本章小结

本章结合相关的文献分析，基于相关理论和理论框架，详细阐述了社会资本的内部结构，分析了社会资本的不同维度对知识创造的影响路径，提出了知识创造的中介作用假设，解析了组织惯例更新作为调节变量的作用，最后提出了11条研究假设。研究假设汇总如表4-1所示。

表4-1 研究假设汇总

序号	假设
H1	结构型社会资本对认知型社会资本具有显著正向影响
H2	结构型社会资本对关系型社会资本具有显著正向影响
H3	认知型社会资本对关系型社会资本具有显著正向影响
H4	结构型社会资本对知识创造具有显著正向影响
H5	认知型社会资本对知识创造具有显著正向影响
H6	关系型社会资本对知识创造具有显著正向影响
H7	认知型社会资本和关系型社会资本在结构型社会资本和知识创造之间具有链式中介作用
H8	知识创造对动态能力具有显著正向影响
H9	关系型社会资本和知识创造在结构型社会资本与动态能力之间具有链式中介作用
H10	认知型社会资本、关系型社会资本、知识创造在结构型社会资本与动态能力之间具有链式中介作用
H11	惯例更新对知识创造与动态能力之间的关系有显著的正向调节作用

第五章　研究设计

根据第三章的模型构建和第四章的假设提出，本章将采取实证分析的研究范式，剖析本书的研究问题，验证模型中的假设。本章主要包括两部分：第一部分是对调研问卷的设计、调研对象的选取、数据收集过程等的分析；第二部分主要是模型中结构型社会资本、认知型社会资本、关系型社会资本、知识创造、动态能力、惯例更新以及控制变量等变量测量量表的选取，从而为第六章的数据分析与假设检验提供支持。本章的研究过程如图 5-1 所示。

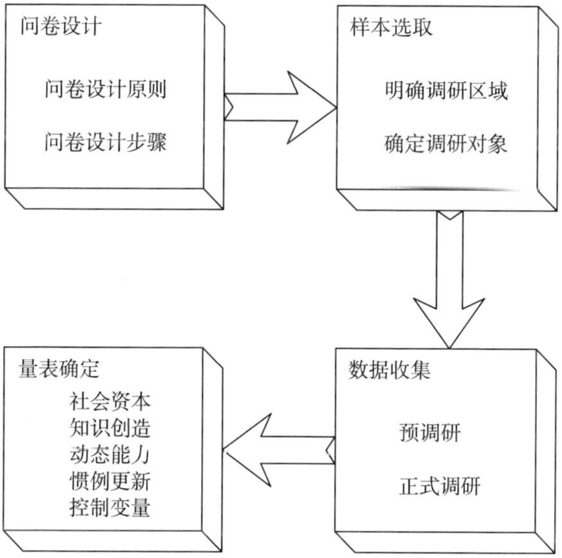

图 5-1　研究流程

第一节　样本与数据收集

一、问卷设计

在当前管理学研究领域，利用问卷进行企业调研是一种高效、便捷、准确、性价比较高，且适用于定量分析的最普遍的数据收集方法，其有效性与可靠性也因为方便实施得到了国内外学者的广泛认可。问卷调研主要包括以下过程：①由问卷使用者根据研究问题或者调研目的对问卷进行设计；②采用科学的方式明确调研对象和调研样本；③对受访者进行调研，获得数据，然后利用统计学方法获得分析结果。作为进行实证分析的重要流程，问卷题项的质量与数据有效性和真实性高度相关，同时决定了数据验证的结果。在实际调查过程中，被访问者对问卷的理解度越好，说明其对所问问题的接受度就越高，外界条件对调研的干扰就越低。因此，为了保证本次调研的可靠性、合理性以及科学性，在设计问卷过程中遵循以下四个原则：

（1）合理性，研究中测量量表的题项必须基于研究问题与研究主题依次展开，避开与研究问题不相关和不相符的题项。

（2）逻辑性，测量量表的结构应该合理，题项之间的逻辑关系必须紧密，根据研究问题，每个量表之间也需密切相关。

（3）非诱导性，测量题目的描述应该秉持客观理性的标准，着力避免问题的诱导性和主观倾向性，以保证受访者的回答是自愿且真实的，从而避免所得信息的误差。

（4）客观明确性，测量问卷中题项的表述应该清晰简洁，不应该模棱两可，不能太过抽象，语言要通俗易懂。

在严格遵守上述问卷设计原则的基础上设计了调研问卷，具体涵盖以下几个步骤：

（1）明确调研问卷的研究内容。问卷设计的目的是描述并统计样本的基本特点，因此，问卷本质内容的设计是首要任务，是制定调研问卷的方向。本书的问卷设计目标应该围绕组织社会资本、知识创造、惯例更新、动态能力的相关问题展开。

（2）量表的整理及选择。量表的筛选是问卷设计的基础与前提，不同变量的测量题项是量表主要内容的体现，所以在设计调查问卷的过程中应该对研究中涉及的所有变量的不同量表加以整理。然后，以自身研究为基础，选取适合本书研究的题项。通过梳理现有研究的相关量表，收集社会资本、知识创造、惯例更新、动态能力的相关实证研究，提取相关的量表，并进行比较，从中筛选出符合本书研究主题、与变量含义相似、适用范围较广、质量较高并且被广泛使用的量表，基于成熟量表设计的问卷对保证数据收集过程的顺利性以及数据的可靠性至关重要。

（3）量表的翻译与回译。由于学术研究中许多量表的前身都是英文量表，在研究中需要将英文量表翻译成中文。在翻译过程中既要考虑语言的准确度还要考虑通俗易懂的特点。这就要求问卷设计者综合考量问卷语言的规范性和通俗性，避免量表来回翻译过程中可能出现的歧义，重视问卷的质量。本书用到的问卷选自国内外高水平期刊，为了减少问卷翻译这一客观可控因素可能给问题带来的不准确性，利用 Brislin 的标准方法翻译并回译源于国外期刊的英文问题。同时，英文量表的翻译还借鉴了领域内相关专家学者的建议以及英文专业学者的意见，从而为各量表设计的完整性和可用性提供双重保障。

（4）形成初始问卷。在量表内容明确之后，需要对问卷的结构进行设计。问卷共包括三部分：第一部分——问卷标题与说明，主要包括问候语、研究目的和使用说明等；第二部分——调研企业基本情况，主要介绍企业的年限、企业性质、所属行业以及企业规模等；第三部分——主体，主要涵盖核心变量（社会资本、知识创造、惯例更新、动态能力）的测量题目。本书采用“选择式”的提问格式，利用李克特七级量表打分法让受访者做出选择，表示问题与该企业实际情况的符合程度。其中，“1”代表的是“完全不符合”，“2”代表的是“非常不符合”，“3”代表的是“比较不符合”，“4”代表的是“一般”，“5”代表的是“比较符合”，“6”代表的是“非常符合”，“7”代表的是“完全符合”。

（5）开展预调研及最终问卷的修改与完善。为了保证问卷的有效性，笔者首先选取了长春市高新区的几家科技型企业作为调研对象，同时对调研对象进行访谈，然后根据访谈结论及初步的调研反馈结果，对测量量表的题项加以修正，从而保证问卷的质量，并完成最终的调研问卷。

(6) 展开正式调研。在对原始问卷进行修改后，形成最终的问卷，并将问卷再次发放以收集数据（详见附录）。

二、样本选取

由于本书的研究问题与知识创造密切相关，因而在选择调研对象时考虑研究开发、生产性能优异且具有高附加值的高新技术企业。这类企业生产经营活动的基础是知识资源，并且特别重视合作与技术成果转化，强调创造性发明和自主知识产权，关注财物资源等在研究和开发等方面的应用比例，鼓励科研人员的创新性思维(张军等，2016)。选择这类企业作为调研对象的原因可总结为两点：一是因为高新技术企业的特点是知识分布密集，产品生命周期较短，容易形成产业链，对外部环境变化较为敏感，从而更易于凸显知识创造活动的合理性，便于观察知识创造的前因与结果。二是因为与传统企业相比，作为知识投入型、知识密集型企业，高新技术企业在产品创新或者服务创新过程中面临更多的挑战，因而知识管理特别是基于动荡环境的知识创造需求更为迫切，为本书研究提供了良好的预留窗口。

根据上文对高新技术企业的界定，同时考虑到调研数据的可识别性，本次调研对象分布在广东省广州市、深圳市、珠海市和山东省青岛市的国家高新技术产业开发区，属于知识密集型行业，这是因为广东省和山东省作为南部省份和东部省份，在环境感知中较为活跃。同时，依据 2018 年的《中国城市科技创新发展报告》，深圳、广州、珠海和青岛四市均将科技创新作为主导发展方向，科技创新指数分别位列全国第二名、第四名、第十三名、第十六名，其中深圳市、广州市和珠海市的科技创新指数在广东省处于前三名的位置，青岛市的科技创新指数在山东省位居第一。因此，相比其他城市来说，这四个城市中高新技术企业的知识创新模式具有代表性，将这四市作为调研区域具有一定的示范效应，而且便于知识创造主题的开展。另外，上述区域范围内属于生物化学、机械制造、医疗制药、电子信息等知识密度较高行业的企业是本书中参与调研的对象。

由于所采用的调查问卷是否可信且可靠有待在实施正式调研前明确，因此，首先选取长春市 20 家高新技术企业实施预调研，与管理者展开深入访谈，然后参考访谈和预调研的结果以及知识管理研究领域相关专家的建议，对问卷进行调整，形成正式调研问卷。

三、数据收集

正式调研开始于明确调研地区、调研企业、调研问卷之后，调研起止时间是2018年9月至2019年1月，在企业人力资源部门的协助下，纸质问卷由调研人员直接到企业发放。为了保证受访者的隐私不被泄露，调研问卷全部放于密封的纸质信封中，待测试者填好之后及时将问卷再次存入信封。首先向参与调研的员工解释本次调研的目的和问卷基本结构，然后要求被测试者现场填写问卷并当场收回。线上问卷则采用问卷星的形式利用社交平台（如微信、腾讯QQ等）进行推广。在问卷的正式调研阶段，共发放了300份纸质问卷，回收纸质问卷262份，回收率为87.33%。另外，从问卷星网站上获得207份线上问卷，纸质问卷和线上问卷总和为469份，其中有无效和较多缺失值的问卷分别为77份和17份，这些问卷被剔除后，总共收取375份可以用来数据分析的问卷，有效率达到79.96%，符合问卷调研和问卷有效率的要求，可以进行下一步分析。

在获得375份有效调研问卷之后，需要整理所有样本的基本分布情况。第一，从被测试者所承担的职务方面来看，有高层管理人员36人，研发部中层管理人员15人，非研发部中层管理人员30人，研发部门员工51人，非研发部门员工117人，其他员工126人。总的来看，有81位问卷填写者为管理人员，占所有人数比例的21.60%，其余皆为普通员工。因为普通员工在与外部其他组织沟通过程中能够促进社会资本的发展，同时普通员工在知识创造条件和渠道构建方面也具有优势，所以普通员工对所提出的社会资本、知识创造、惯例更新、动态能力等概念也有准确的把握。基于此，企业与不同行为主体之间社会关联的构建不仅以管理人员为主，普通员工也具有重要的作用。因此，管理人员填写的问卷比例低于普通员工填写的问卷比例，并不会对数据准确性造成影响。第二，从参与调研的对象所属行业背景来看，有63人从事机械制造工作，有57人从事电子信息工作，有29人从事环保绿化工作，有23人在交通运输行业任职，有12人从事医疗制药工作，有10人从事生物化学工作，有181人从事其他工作（如石油化工行业、水利水电行业等）。第三，从被调研的企业性质来看，国有企业76家，外商独资企业23家，民营企业225家，中外合资企业11家，其他类型的企业 40 家。第四，从被调研企业年龄看，成立 11 年以上的企业有 251 家，成立 6~10 年的企业有 53 家，成立 2~5 年的企业有 54 家，刚刚成立 2 年以内的企业 17 家。第五，从被调研人员所在企业规模来看，人数规模在 5000 人以上的企业最多，占比高达 48.27%。本小节在观察上述类别变量基本特点分布状况基础上，整理并统计了全部调研样本（见表 5-1）。

表 5-1　样本的基本特征分布情况

题项	选项	数量	比例（%）	题项	选项	数量	比例（%）
被调研企业年限	2 年以内	17	4.53	被调研企业性质	外商独资企业	23	6.13
	2~5 年	54	14.40		中外合资企业	11	2.93
	6~10 年	53	14.13		国有企业	76	20.27
	11 年及以上	251	66.93		民营企业	225	60.00
					其他企业	40	10.67
被调研企业人数规模	100 人及以下	37	9.87	被调研企业行业背景	医疗制药行业	12	3.20
	101~1000 人	83	22.13		机械制造行业	63	16.80
	1001~2000 人	21	5.60		电子信息行业	57	15.20
	2001~3000 人	18	4.80		生物化学行业	10	2.67
	3001~4000 人	14	3.73		交通运输行业	23	6.13
	4001~5000 人	21	5.60		环保绿化行业	29	7.73
	5000 人以上	181	48.27		其他行业	181	48.27

注：样本总量为 375。

第二节　变量测量

一、社会资本的测量

对于社会资本，根据已有研究，从结构、认知和关系三个视角分析社会资本的维度。对于社会资本不同维度的测量，不同的研究背景下其测量指标存在差异。王雷（2013）用五个指标测量结构社会资本，三个指标测量认知社会资本，三个指标测量关系社会资本。唐丽艳等（2014）用三个指标测量结构社会资本，四个指标测量认知社会资本，四个指标测量关系社会资本。赵息和李文亮（2016）分别用三个指标对结构社会资本、认知社会资本以及关系社会资本加以度量。Ortiz 等（2018）则用四个指标度量结构社会资本，四个指标度量认知社会资本，两个指标度量关系社会资本。Prieto-Pastor 等（2018）用四个题项测量结构社会资本，四个题项测量认知社会资本，五个题项测量关系社会资本。Bharati 等（2015）测量结构社会资本、认知社会资本和关系社会资本的题项均是两个。对国内外相关文献关于社会资本量表的总结如表 5-2 所示。

表 5-2 国内外学者对社会资本的测量量表总结

作者（年份）	指标	题项
王雷（2013）	结构社会资本	外资企业与本地供应商建立广泛联系 外资企业与本地中介服务机构建立广泛联系 外资企业经常提供技术指导和培训 内外资企业共同解决产品问题 内外资企业致力于保持长久的合作关系
	认知社会资本	内外资企业具有相似的文化背景 内外资企业具有相似的企业文化 内外资企业具有相似的行事方式
	关系社会资本	内外资企业的合作建立在信任的基础之上 外企充分相信本地企业的生产技术能力 内外资企业之间能够较好地理解对方
唐丽艳等（2014）	结构社会资本	企业与多家孵化器、科技中介等外部组织相联系 企业与外部组织联系频繁且紧密 企业内部门、员工之间经常来往和交流
	认知社会资本	合作中，双方企业能够进行有效沟通 本企业对合作企业十分了解 本企业与合作企业具有相似的价值观 本企业员工具有共同的目标追求，清楚合作的目的
	关系社会资本	企业遇到困难，合作伙伴会主动提供帮助 在与外部组织实体联系的过程中，能够真诚合作 企业在外界具有良好的信誉 企业内部门、员工之间彼此信赖

续表

作者（年份）	指标	题项
Bharati 等（2015）	结构社会资本	在与重要客户的会议和电话交谈上花费了大量的时间 与客户进行开诚布公的交流
	认知社会资本	和竞争对手对这个行业的看法是一致的 重要的竞争对手认为新技术很有用
	关系社会资本	在个人层面上了解供应商 在与供应商的关系中，双方都没有占便宜
赵息和李文亮（2016）	结构社会资本	企业与供应商、客户等互利互惠 企业与供应商、客户等联系密切 企业与供应商、客户等联系数量较多
	认知社会资本	企业与供应商、客户等有共同话题 企业与供应商、客户等有相似目标 企业与供应商、客户等有相似看法
	关系社会资本	企业与供应商、客户等关系融洽 企业与供应商、客户等相互信任 企业与供应商、客户等相互帮助
Ortiz 等（2018）	结构社会资本	企业经常从组织间联系网络中获取知识 企业经常亲自与获得外部知识的人接触 企业经常与获得外部知识的联系人保持密切的联系 企业经常与获得外部知识的联系人保持频繁的联系
	认知社会资本	企业通常与其外部联系企业有共同的目标和利益 企业通常与外部的代理商（关系）有共同的愿景或语言 企业对工作技术的理解与同他合作的外部代理机构相似 企业与外部代理机构等具有共享的文化
	关系社会资本	企业有基于合作和相互信任的外部关系 企业对外的信任度水平高
Prieto-Pastor 等（2018）	结构社会资本	在以项目为基础的组织中，员工与他人有着密切的工作关系 在以项目为基础的组织中，员工与他人的工作关系非常密切 在以项目为基础的组织中，员工经常与他人进行沟通和讨论 在以项目为基础的组织中，员工与组织其他员工有广泛多样的社会关系
	认知社会资本	在以项目为基础的组织中，员工认为他们可以以相同的波长进行沟通 在以项目为基础的组织中，员工感到他们在朝着相同的目标工作 在以项目为基础的组织中，员工感到他们有相同的抱负和愿景 在以项目为基础的组织中，员工感到他们对追求集体目标有共同热情
	关系社会资本	在以项目为基础的组织中，员工对其他员工的工作技能和能力有信心 在以项目为基础的组织中，员工信任其他员工的意图和行为 在以项目为基础的组织中，员工间关系建立在相互信任和尊重的基础上 在以项目为基础的组织中，员工相互信任他人的行为，从而朝着组织的最佳利益/目标努力 在以项目为基础的组织中，员工相互信任、尊重，即使他们不是亲密朋友

资料来源：根据已有研究整理。

参考Ortiz等（2018）、Prieto-Pastor等（2018）、Bharati等（2015）的研究，选取企业与外部组织联系的频繁程度、密切程度等四个指标测量结构型社会资本，选取企业与外部组织对问题的相似看法、目标一致性等四个指标测量认知型社会资本，选取企业与外部组织的信任关系、互惠关系等四个指标测量关系型社会资本（见表5-3）。

表5-3　社会资本不同维度的测量量表

变量		编号	题项
社会资本（SC）	结构型社会资本（SSC）	SSC1	贵企业与供应商、客户等外部组织联系频繁
		SSC2	贵企业与供应商、客户等外部组织联系密切
		SSC3	贵企业与供应商、客户等外部组织互惠互利
		SSC4	贵企业与供应商、客户等外部组织联系数量较多
	认知型社会资本（CSC）	CSC1	贵企业与供应商、客户等外部组织有相似的目标
		CSC2	贵企业与供应商、客户等外部组织有共同话题
		CSC3	贵企业与供应商、客户等外部组织有相似看法
		CSC4	贵企业与供应商、客户等外部组织有共同文化
	关系型社会资本（RSC）	RSC1	贵企业与供应商、客户等外部组织相互信任
		RSC2	贵企业与供应商、客户等外部组织相互合作与帮助
		RSC3	贵企业与供应商、客户等外部组织关系融洽
		RSC4	贵企业与供应商、客户等外部组织具有高度承诺的关系

二、知识创造的测量

关于知识创造的量表，多数学者基于SECI模型，对知识创造的四个过程分别进行测量，也有学者认为知识创造应该包括知识获取和创新等过程，从而弱化对SECI四个过程的测量，从知识创造本身出发测量该行为。本书总结了国内外学者研究的知识创造量表（见表5-4）。

表5-4　国内外学者对知识创造的测量量表总结

作者（年份）	指标	题项
Li等（2009）	社会化	我的公司通常采用跨部门合作项目 我的公司通常用学徒和导师来传授知识 我的公司通常采用头脑风暴会或夏令营的方式

续表

作者（年份）	指标	题项
Li 等（2009）	外显化	我的公司通常采用跨地区的员工轮换 我的公司通常采用基于案例推理等技术的问题解决系统 我的公司通常使用群邮件和其他学习协作工具 我的公司通常采用专家意见 我的公司通常采用类比和隐喻的建模方法
	融合化	我的公司通常收集和转移专家的知识 我的公司通常采用基于 Web 的数据访问方式 我的公司通常使用网页 我的公司通常使用数据库
	内部化	我的公司通常采用信息库、最佳实践和经验教训 我的公司通常采用在职培训 我的公司通常通过实践来学习 我的公司通常通过观察来学习
Zheng 等（2011）	知识创造	我们的企业能够创造技术性知识 我们的企业能够创造市场化知识 我们的企业能够创造管理性知识 我们的企业能够创造知识 我们的企业能够创造操作性知识
杨林和俞安平（2016）	社会化	企业通常在不同部门之间采取合作项目 企业通常会采用学徒和导师制进行知识转移 企业通常会开展头脑风暴或者宿营活动 企业通常会在不同区域之间进行雇员轮岗
	外显化	企业通常会采用基于案例推理技术解决问题的系统 企业通常会采用群组软件和其他学习协作工具 企业通常会采用专门技术的标志 企业通常会采用基于类比和隐喻的建模 企业通常会获取并转移专家的知识
	融合化	企业通常会采用基于 Web 的数据访问 企业通常会使用网页（内联网和互联网） 企业通常会使用数据库 企业通常会采用信息储存库、最佳实践及经验教训
	内部化	企业通常会采用在职培训 企业通常会采用干中学 企业通常会采用观察中学习

续表

作者（年份）	指标	题项
Su 等（2016）	知识创造	员工见面时经常讨论与工作相关的观点和新发展 员工在一起交换新观点和发展的时候没有什么困难 员工可以讨论新观点和发展 员工与任何人讨论新观点和发展的时候都会感到很放松 员工利用融合和交换观点解决问题是很熟练的 员工通过个人观点分享工作提出的新观点、产品或服务设计 员工通过有效的学习填补他们观点和知识的缺乏 员工经常通过交换和融合观点来寻求解决问题的方法 员工发现通过与另外的员工交换和融合观点可以获得好处 当员工做出他们最大努力的时候，最有价值的观点就会出现 员工认为，通过交换和融合观点，他们可以为公司创造价值 员工认为，通过他们的努力，他们可以为公司创造价值

资料来源：根据已有研究整理。

从表 5-4 的总结来看，在知识创造测量方面，有的学者侧重过程研究，有的侧重结果分析，根据研究背景，本书对于知识创造的研究侧重结果，因而根据学者 Zheng 等（2011）和 Su 等（2016）的研究，以及研究主题，从知识的不同类型出发，结合知识创造结果分析，借鉴已有的成熟量表测量知识创造。本书的知识创造量表如表 5-5 所示。

表 5-5　知识创造的测量量表

变量	编号	题项描述
知识创造（KC）	KC1	贵企业会根据外部环境的变化，构思新想法或制定解决问题的新方案，以更新管理经验和技能
	KC2	贵企业会根据供应商、客户等外部组织的需求创造市场性知识
	KC3	贵企业会根据行业技术的变化情况更新技术性知识
	KC4	贵企业会根据供应商、客户等外部组织的需求创造与开发新产品相关的知识

三、惯例更新的测量

目前关于组织惯例更新的量表较少，多数进行组织惯例相关研究的学者均借鉴学者王永伟的研究，从组织惯例更新和组织惯例创新两个方面分析并测量惯例更新。也有学者提出组织惯例更新包括组织惯例修正行为和组织惯例创造行为（高洋等，2017），并根据 Feldman 和 Rafaeli（2002）、Feldman 和 Pentland（2003）、Becker（2004，2005）等的研究设计组织惯例更新的量表。本书对组织惯例更新量表总结如表 5-6 所示。

表 5-6　国内外学者对惯例更新的测量量表总结

作者（年份）	指标	题项
王永伟等（2012）；王永伟和韩亚峰（2019）	惯例更新	当组织成员提出改善组织规范的建议时，可以被很快认同 企业鼓励员工参与到组织规范修订的过程中 企业能够定期观察和评估已有组织规范的运作效率 新组织规范和引导可以被企业及时提供给员工
	惯例创新	企业员工能够很快地接受并运用新的组织规范 实施新组织规范后，企业会定期评估实施的效果 为了迎接组织内外新的挑战，企业可以主动变革组织规范 员工提出定期完善组织规范方案的行为会被企业所鼓励
高洋等（2017）	惯例修正行为	若有新知识和技术输入，企业将利用这些改进流程规范 为了取得更高的运行效率，企业会不断对标准流程做出调整 企业已有的组织规范流程经常被定期评估并考察 在修订组织规范的过程中，员工常常被鼓励参与其中
	惯例创造行为	企业能够主动展开组织规范变革以迎接外部新挑战 企业员工用试错的方法对更加有效的组织规范做出选择的行为会被企业鼓励 虽然初始目的性不强，有时候企业会创造性地改变一些组织规范，效果却很好 新的规范和指导能够被企业及时传递给员工

资料来源：根据已有研究整理。

虽然关于组织惯例更新的量表较少，但是学者王永伟等的量表被广泛利用，说明该量表相对成熟，本书根据王永伟和韩亚峰（2019）、高洋等（2017）的研究，对惯例更新的八个指标变量进行恰当的修改，结合背景删除两个题项，进而利用六个指标对惯例更新进行度量，对惯例更新的度量量表如表 5-7 所示。

表 5-7　惯例更新的测量量表

变量	编号	题项描述
惯例更新（RU）	RU1	贵企业员工能够很快将新想法、新观点、新技能应用到改善组织规范过程中
	RU2	贵企业员工能够根据内外部环境的变化，主动进行组织规范的变革以迎接新挑战
	RU3	贵企业鼓励员工定期提交改善组织规范的新提案
	RU4	贵企业能够及时地为员工提供新组织规范的培训和指导
	RU5	贵企业员工能够很快地接受并运用新的组织规范
	RU6	贵企业能够定期观察并评估组织规范的运作效率

四、动态能力的测量

目前关于动态能力的研究逐渐丰富，量表相对成熟。通过文献梳理发现，多数研究认为动态能力包括感知能力、获取能力以及重新配置能力，且大多数研究从这三个角度对其进行测量。但也有学者认为，应该从适应能力、吸收能力和创新能力三个方面研究并度量动态能力。本书对动态能力测量量表的总结如表 5-8 所示。

表 5-8　国内外学者对动态能力的测量量表总结

作者（年份）	指标	题项
Wang 和 Ahmed（2007）	适应能力	公司善于利用产品和市场的业务能力对外部机会做出反应 公司高度关注市场、消费者与竞争者状况的变化，并分配资源与营销活动 公司善于根据市场条件的变化迅速做出反应
	吸收能力	公司具有丰富的知识获取渠道，并善于获取知识 公司善于对吸收的知识进行甄别与分类，明确该知识的用途 公司善于对吸收的知识与自有知识进行整合 公司善于将吸收的知识运用到研发、生产与管理活动
	创新能力	公司高度重视产品开发与服务内容创新，并付诸行动 公司对产品生产与服务提供模式进行了更新 公司关键部门的执行人具有显著的冒险精神 公司经常鼓励员工搜寻非常规的、新颖的解决方案。

续表

作者（年份）	指标	题项
Chien 和 Tasi（2012）	动态能力	企业可以从市场吸收新知识 企业鼓励知识的贡献和分享 员工能够访问并应用存储的知识 员工能够利用知识来提高效率 组织可以为有需求的员工提供知识 企业能够快速将知识应用于关键的竞争需求
Wilden 等（2013）；Chiua 等（2016）；Lee 等（2018）	感知能力	贵企业鼓励员工参加专业性的协会活动 贵企业使用既定的流程来识别目标市场，改变客户需求与创新 贵企业遵循行业的最佳实践 贵企业收集有关业务及其环境的各种信息
	获取能力	贵企业会为客户寻找解决方案 贵企业会对员工提出的有关企业的不足之处做出回应 当顾客反馈给企业一个需要变革的理由时，贵企业会改变原有的做法
	重新配置能力	贵企业实施新型的管理方法的频率 贵企业从实质上或者彻底改变营销方法或策略的频率 贵企业对业务流程进行实质性的更新的频率 贵企业从实质上或者彻底改变实现企业目标的方法的频率

资料来源：根据已有研究整理。

根据 Wilden 等（2013）的研究，结合研究主题，从感知能力、获取能力以及重新配置能力三个方面测量动态能力。通过对上述量表的题项进行适当修改和删减，本书对动态能力的测量总结如表 5-9 所示。

表 5-9　动态能力的测量量表

变量		编号	题项描述
动态能力（DC）	感知能力	DC1	贵企业有能力对市场环境的变化迅速做出反应
		DC2	贵企业有能力对竞争对手的行动迅速做出反应
		DC3	贵企业善于利用业务能力对外部机会做出反应
	获取能力	DC4	贵企业有丰富的机会获取渠道，并善于利用机会
		DC5	当外部环境发生变化时，贵企业能够抓住意想不到的机会
		DC6	贵企业高度关注市场、消费者与竞争者等的状况，并及时实施应对方案
	重新配置能力	DC7	贵企业能够利用新组织规范更新工作方式或管理模式
		DC8	贵企业经常根据新组织规范变革组织结构
		DC9	贵企业经常根据新组织价值观更新业务流程

五、控制变量的选择

本书重点探究社会资本对知识创造的结构性影响及惯例更新在知识创造与动态能力之间的调节作用，为了降低由于不同企业特点的差异可能对研究结果造成的不可控影响，将企业的年限、性质、规模以及行业背景作为控制变量，以提高数据处理结果的可信度。在企业年限方面，不同发展阶段的企业所面临的目标、所具备的资源和能力及其所面临的环境等均不同。随着企业年限的增大，其组织结构逐渐完善，决策机制和管理机制日趋成熟，这可能会影响企业选择、获取并利用社会资本的能力。因此，本书将企业年限作为控制变量之一。在企业规模方面，规模较大的企业，其财物资源和人力资源通常比较丰富，对于组织间关系的维护、组织结构的调整等有一定影响。同时，规模较大的企业具有资源优势，不同企业之间社会资本的传递会受影响，从而影响知识创造效果。因此，本书将规模纳入控制变量的范畴。在企业属性方面，组织关系方面具有一定优势的企业是国有企业，对关系型社会资本的控制较为便利，因而控制变量的选择需要考虑到企业属性层面的因素。在行业背景方面，分别处于不同行业背景的企业，在处理社会关系时的方式各异，管理模式不同，对知识创造的态度有异，故本书也将行业背景作为控制变量。

第三节　本章小结

本章首先详尽分析了问卷设计的基本原则，充分解释了问卷开发步骤，并在此基础上设计了调研问卷。其次在样本选择方面，根据研究问题，确定广州、深圳、珠海、青岛四市的高新技术企业为调研对象，发放并收集有效调研问卷375份，同时初步统计所获样本。最后借鉴相关的国内外成熟量表，确定总体量表，同时根据研究特点明确四个控制变量，为下文实证分析奠定基础。

第六章　实证研究

在第五章研究设计的基础上，本章将对收集到的数据进行基本的统计性分析和验证性分析，以验证第四章提出的所有假设。同时，根据实证检验的结果，进一步深入探讨社会资本、知识创造、惯例更新、动态能力之间的关系和规律。

第一节　描述性统计与相关性分析

为了对所获得的调研数据有一个初步了解，本小节首先利用 SPSS22.0 软件对所有数据特征进行了描述性统计处理，计算出变量的标准差和均值，同时根据所有变量之间的 Pearson（皮尔森）系数分析不同变量间的相关性，具体计算结果如表 6-1 所示。

表 6-1　变量的描述性统计与相关系数矩阵

变量	均值	标准差	1	2	3	4	5	6	7	8	9	10
1. 企业年龄	3.430	0.899	1									
2. 企业性质	3.670	0.924	-0.171**	1								
3. 所属行业	7.660	4.298	-0.021	0.233**	1							
4. 企业规模	4.810	2.429	0.188**	0.033	-0.132*	1						
5. SSC	5.633	1.059	0.012	-0.034	-0.069	0.103	**0.815**					

续表

变量	均值	标准差	1	2	3	4	5	6	7	8	9	10
6. CSC	5. 201	0. 985	-0. 049	0. 026	-0. 016	0. 106	0. 362**	**0. 807**				
7. RSC	5. 476	0. 823	0. 121	-0. 008	0. 002	0. 088	0. 547**	0. 643**	**0. 763**			
8. KC	5. 589	0. 880	0. 124	-0. 121	-0. 099	0. 087	0. 478**	0. 389**	0. 546**	**0. 804**		
9. RU	5. 245	0. 839	0. 058	0. 063	-0. 026	0. 073	0. 362**	0. 455**	0. 491**	0. 631**	**0. 738**	
10. DC	5. 200	0. 809	-0. 002	0. 105	0. 075	0. 096	0. 306**	0. 483**	0. 474**	0. 502**	0. 655**	**0. 754**

注：* 表示 $p<0.05$（双尾检验），** 表示 $p<0.01$（双尾检验），样本量为 375；SSC 表示结构型社会资本，CSC 表示认知型社会资本，RSC 表示关系型社会资本，KC 表示知识创造，RU 表示惯例更新，DC 表示动态能力；对角线以下的数据是皮尔森相关系数，对角线上加粗的数据是平均方差提取值的平方根。

根据表 6-1 的计算结果可以看出，所有变量的均值在合理范围之内，变量的标准差也都大于 0. 8，表示通过调研所获取的数据具有研究的价值，可以利用该数据对模型中不同变量之间的差异进行分析。在控制变量之间，企业性质、企业规模均与企业年龄有一定的相关关系，可能由于企业成立时间较久，随着时间的推移企业所有权发生了变化，企业规模也逐渐扩大。企业性质、企业规模与企业所属行业有一定的关系，由于行业背景的不同，企业的所有权可能掌握在不同的所有者手中，同时企业规模也不同。这些控制变量之间可能存在的相关关系符合研究对象的实际情况。在主要变量的相关系数方面，变量的描述性统计分析满足正态分布的要求，且结构型社会资本、认知型社会资本、关系型社会资本、知识创造、惯例更新以及动态能力六个变量之间的相关系数均显著（$p<0.01$），说明这些变量两两相关，且具有因果联系。同时，所有的相关系数均小于 0. 7，表明各变量之间没有过度相关，对模型的进一步检验不存在影响（吴明隆，2010a）。另外，企业的年龄、性质、规模以及所属行业这四个控制变量和其他主变量之间的相关性均不显著，说明不同企业的基本特征因素对本书概念模型的影响可以排除。

由于本书涉及多个自变量与不同中介变量和结果变量之间的关系以及调节变量的问题，因而需要尽可能地排除多重共线性对模型的影响。借鉴学者吴明隆（2010a）研究范式，在数据分析过程中将自变量和调节变量同时进行了中心化处理，并将中心化的数据相乘获得自变量和调节变量的乘积以及自变量的二次项。

随后，观察了各变量的方差膨胀因子（Variance Inflation Factor，VIF），检验了变量间的多重共线性情况。所有结果显示，每个变量的方差膨胀因子均小于3，远远小于临界值10，该结果也表明数据不存在多重共线性，进一步的分析可以被执行。

第二节　共同方法偏差分析

在调研过程中，由于一些不可控因素，例如，问题解释的语境、调研的客观环境等，可能存在数据来源相近或无差的情况，造成自变量和因变量之间关系共变的现象，这就是共同方法偏差问题（Common Method Variance，CMV），且会对数据分析结果产生一些影响。因此，亟须检验所搜集的数据是否存在该问题，以保证后续分析的正常展开。首先，根据Podsakoff等（2003）的分析，在设计调研问卷时便采用重复问题的方法进行事前控制，并采用请领导和员工分别同时填写问卷等多源模式收集数据，进一步减少人为因素造成的共同方法偏差问题。其次，利用Harman单因子检验方法和共同方法偏差潜因子法检验获得的数据，以排除共同方法偏差可能造成的问题，从而保证数据分析结果的准确度和客观性。对于第一种方法，首先利用SPSS22.0软件对除控制变量以外所有变量的题项进行探索性因子分析，采用主成分分析法得到未经旋转的因子方差解释率。结果中第一个主成分解释的总方差为39.621%，小于40%的临界值，说明没有解释多余的方差，也就不存在共同方法偏差的问题（Podsakoff et al.，2003）。对于第二种方法，考虑到Harman单因子检验方法检测共同方法偏差的局限性，根据Doty和Glick等（1998）的研究，计划采用共同方法偏差潜因子法进行二次验证，即运用验证性因子分析模型检验无法预估的共同方法偏差问题。具体操作是利用A-MOS21.0软件将共同方法偏差潜变量放入提出的六因子模型中，若包含共同方法偏差潜变量的模型拟合度明显优于不包含共同方法偏差潜变量的情况，那么，数据存在共同方法偏差问题。根据分析结果（见表6-2），可以看出包含共同方法偏差潜变量的七因子模型略微优于没有该潜变量的六因子模型，但RMSEA、IFI和CFI等指标的变化十分微弱，RMSEA的改变量未超过0.005，IFI和CFI的改变量均未超过 0.1。上述分析结果一致表明，共同方法偏差在本书研究中并不是大问题，不会对后续分析产生不良影响。

表 6-2　潜因子法检验共同方法偏差

模型	χ^2	df	χ^2/df	CFI	RMSEA	IFI
不含共同方法偏差潜变量模型	1787.793	419	4.267	0.833	0.093	0.834
包含共同方法偏差潜变量模型	1745.282	418	4.175	0.838	0.092	0.839

第三节　无反应偏差分析

在对所有数据进行综合分析之前，采用独立样本 T 检验的方法对数据进行了无反应偏差检验（Non-response Bias）。按照回收问卷的顺序进行排列，将其二等分，采用多元方差分析来比较最先收集的 188 份样本数据和最后收集的 187 份样本数据在企业年龄、企业性质、所属行业、企业规模、结构型社会资本、认知型社会资本、关系型社会资本、知识创造、惯例更新以及动态能力等变量上是否存在显著差异。首先利用 SPSS22.0 软件对数据进行分组并定义，然后对所有变量进行独立样本 T 检验，从而观察 T 值的显著性。分析结果显示，两批数据样本中，企业年龄（$p>0.05$）、企业性质（$p>0.05$）、所属行业（$p>0.05$）、企业规模（$p>0.05$）、结构型社会资本（$p>0.05$）、认知型社会资本（$p>0.05$）、关系型社会资本（$p>0.05$）、知识创造（$p>0.05$）、惯例更新（$p>0.05$）以及动态能力（$p>0.05$）的 T 值均不显著，说明研究数据不存在无反应偏差问题。

第四节　信效度分析

在验证提出的假设之前，为了确保实证检验结果的准确性，需要利用 SPSS22.0 软件和 AMOS21.0 软件处理数据，以检验量表的信度和效度。

一、信度分析

度量工具可以体现的被测对象的可靠程度即为信度（Reliability）。检验信度的方法较多，本书采用“内部一致性信度”这一比较常用并被学者们普遍推崇的方式测量主要构念的信度水平，主要包括两个指标：Cronbach's α 系数和修正的项目总相关（Corrected Item-Total Corelation，CITC）。其中，当所有变量的 Cronbach's α 系数均大于数值 0.7 时，说明内部一致性较高。根据表 6-3 的分析结果，本书所涉及的结构型社会资本、认知型社会资本、关系型社会资本、知识创造、惯例更新以及动态能力等主要变量的 Cronbach's α 系数均高于临界值 0.7，表明各变量具有较好的信度。另外，如表 6-3 所示，量表所有题项的 CITC 值都大于门槛值 0.3，表示不同题项之间具有总的一致性，所有变量的测量指标具有良好可靠性（吴明隆，2010a）。根据上述分析，量表信度良好，满足进行下一步实证分析的要求，可开展后续验证。

表 6-3 信度检验结果

变量名称	题项	CITC	删除项后的 Cronbach's α 系数	Cronbach's α 系数
结构型社会资本（SSC）	SSC1	0.804	0.831	0.885
	SSC2	0.814	0.827	
	SSC3	0.675	0.881	
	SSC4	0.709	0.867	
认知型社会资本（CSC）	CSC1	0.744	0.840	0.877
	CSC2	0.749	0.839	
	CSC3	0.786	0.822	
	CSC4	0.679	0.870	
关系型社会资本（RSC）	RSC1	0.688	0.804	0.847
	RSC2	0.690	0.803	
	RSC3	0.711	0.794	
	RSC4	0.646	0.821	
知识创造（KC）	KC1	0.734	0.847	0.879
	KC2	0.769	0.833	
	KC3	0.731	0.848	
	KC4	0.721	0.852	

续表

变量名称	题项	CITC	删除项后的 Cronbach's α 系数	Cronbach's α 系数
惯例更新（RU）	RU1	0.686	0.855	0.877
	RU2	0.728	0.848	
	RU3	0.640	0.863	
	RU4	0.704	0.852	
	RU5	0.698	0.853	
	RU6	0.636	0.863	
动态能力（DC）	DC1	0.696	0.913	0.921
	DC2	0.755	0.910	
	DC3	0.633	0.918	
	DC4	0.746	0.910	
	DC5	0.777	0.908	
	DC6	0.774	0.908	
	DC7	0.730	0.911	
	DC8	0.657	0.916	
	DC9	0.700	0.913	

二、效度分析

量表中所有题项是否明确地测量了被度量对象的真实本质即为效度（吴明隆，2010a），包括两个重要方面：反映量表计划度量内容与实际度量内容之间符合程度的内容效度，以及体现度量内容和变量定义一致性程度的建构效度。本书最初整理了与研究主题相关的文献，结合研究情境，选取相关成熟的量表，并通过与知识管理领域专家学者的商讨，综合预调研过程中出现并反馈的问题，反复对量表加以调整并达到完善的效果。因此，所用问卷的内容效度达到实证分析的要求。

在建构效度方面，又可以细化为聚合效度和区分效度两类进行检验。对于聚合效度，包括"组合信度高于0.7""标准化因子载荷大于0.5""平均提取方差（Average Variance Extracted，AVE）高于0.5"三个指标（Hair et al.，2011）。通过表6-4的分析结果可以看出，计算得到所有变量的组合信度均大于0.7。随后，大部分变量测量题项的标准化因子载荷大于 0.7，小部分因子载荷小于 0.7 的题项也超过了临界水平 0.5，重要的是所有估计值的显著性水平均达到 $p<0.001$。此外，全部变量对应的 AVE 均大于 0.5，说明聚合效度良好，模型匹配度较高。对于区分效度，利用 AVE 的平方根与所有变量之间相关系数绝对值大小的比较进行检验（见表 6-4）。在表 6-1 中，对角线上加粗的 AVE 值的平方根均大于其所在行和列相关系数的绝对值，说明量表的区分效度良好。

表 6-4　效度检验结果

变量名称	题项	未标准化回归系数	标准误差（S. E.）	临界比（C. R.）	显著性（p 值）	标准化因子载荷	组合信度	AVE
结构型社会资本	SSC1	1.000	0.063	90.953	***	0.897	0.976	0.665
	SSC2	1.040	0.064	88.408	***	0.914		
	SSC3	1.190	0.065	83.487	***	0.694		
	SSC4	0.790	0.061	92.914	***	0.734		
认知型社会资本	CSC1	1.000	0.057	94.491	***	0.816	0.978	0.651
	CSC2	0.964	0.054	98.675	***	0.823		
	CSC3	1.105	0.060	86.725	***	0.854		
	CSC4	1.039	0.066	73.452	***	0.730		
关系型社会资本	RSC1	1.000	0.053	103.008	***	0.769	0.978	0.582
	RSC2	0.993	0.052	106.687	***	0.768		
	RSC3	0.987	0.050	108.612	***	0.798		
	RSC4	0.886	0.050	109.960	***	0.714		
知识创造	KC1	1.000	0.055	100.652	***	0.806	0.980	0.646
	KC2	1.032	0.054	101.975	***	0.843		
	KC3	0.918	0.052	108.860	***	0.786		
	KC4	0.887	0.051	110.872	***	0.779		
惯例更新	RU1	1.000	0.058	89.876	***	0.757	0.983	0.545
	RU2	1.024	0.057	92.466	***	0.790		
	RU3	0.891	0.056	93.101	***	0.698		
	RU4	0.919	0.053	100.598	***	0.753		
	RU5	0.902	0.053	97.902	***	0.739		
	RU6	0.840	0.053	98.244	***	0.686		

续表

变量名称	题项	未标准化回归系数	标准误差（S. E. ）	临界比（C. R. ）	显著性（p 值）	标准化因子载荷	组合信度	AVE
动态能力	DC1	1. 000	0. 051	102. 885	***	0. 732	0. 989	0. 568
	DC2	1. 093	0. 052	100. 387	***	0. 786		
	DC3	0. 968	0. 054	96. 800	***	0. 668		
	DC4	1. 067	0. 051	103. 396	***	0. 783		
	DC5	1. 201	0. 055	93. 104	***	0. 824		
	DC6	1. 246	0. 057	92. 445	***	0. 817		
	DC7	1. 007	0. 050	104. 499	***	0. 763		
	DC8	0. 977	0. 055	93. 680	***	0. 671		
	DC9	1. 064	0. 055	91. 960	***	0. 722		

注：*** 表示 $p<0.001$。

第五节　假设检验

在不同变量参与相关性分析的基础上，运用 LISERL8. 70 软件和 PROCESS3. 2 软件对收集的数据进行分析，以验证第四章提出的所有假设。在本书提出的所有假设中，对于直接关系假设，拟利用 LISERL8. 70 软件构建结构方程模型加以检验。这是因为：吴明隆（2010b）指出，在研究因果关系时，利用结构方程模型不仅可以探究各路径系数的显著性，而且可以检验整体因果模型与实际数据的适配情况。对于中介效应假设（两个中介的链式中介和三个中介的链式中介）和调节效应假设，拟采用 PROCESS3. 2 中对应的模型进行 Bootstrap 检验。这是因为：Boostrap 是一种统计功效较强且较为常用的非参数统计方法，该方法以样本代表总体，同时在样本中不断循环进行放回抽样，次数一般在 1000 次以上，从而实现对多个样本的评估。其优势在于不需要假设一个分布模型，数据不必满足正态分布，不仅保证可以获得更加精确的置信区间，而且效率变得更高（Preacher & Hayes，2008；Hayes & Scharkow，2013）。值得注意的是，自 Bootstrap 方法中的模型被提出以来，多个研究领域已经开始广泛应用该方法处理相对复杂的研究模型（Santos & Eisenhardt，2009；温忠麟和叶宝娟，2014）。

一、整体模型拟合检验

针对研究模型的复杂性，在对控制变量（企业年限、企业性质、所属行业、企业规模）进行控制的情况下（即与自变量同处理），利用 LISERL8.70 软件构建了映射自变量（结构型社会资本）、中间变量（认知型社会资本和关系型社会资本）、中间变量（知识创造）、因变量（动态能力）之间关系的整体模型，以验证第四章提出的所有直接效应假设。利用结构方程模型得出的拟合指标和路径系数检验结果如表 6-5 所示。

表 6-5　模型整体路径系数检验结果

假设	直接路径				标准化路径系数	T 值	检验结果
H1	结构型社会资本——认知型社会资本				0.264***	5.033	通过检验
H2	结构型社会资本——关系型社会资本				0.326***	6.993	通过检验
H3	认知型社会资本——关系型社会资本				0.682***	10.304	通过检验
H4	结构型社会资本——知识创造				0.277***	4.355	通过检验
H5	认知型社会资本——知识创造				-0.038	-0.371	未通过检验
H6	关系型社会资本——知识创造				0.550***	4.458	通过检验
H8	知识创造——动态能力				0.403***	7.517	通过检验
拟合指标	χ^2/df	RMSEA	GFI	CFI	IFI	TLI	SRMR
	1.522	0.037	0.921	0.974	0.975	0.966	0.046

注：χ^2 为卡方值，df 为自由度，χ^2/df 为卡方自由度比值，RMSEA 为近似误差均方根，GFI 为拟合优度指数，CFI 为相对拟合指数，IFI 为增值适配度指数，TLI 为 Tucker-Lewis 指数，SRMR 为标准化残差均方根；表中数据为标准化系数，* 表示 $p<0.05$，** 表示 $p<0.01$，*** 表示 $p<0.001$。

根据表 6-5 检验结果可以看出，本书整体模型对应的拟合指标：$\chi^2/df=1.522<2$，$RMSEA=0.037<0.05$，$GFI=0.921>0.90$，$CFI=0.974>0.90$，$IFI=0.975>0.90$，$TLI=0.966>0.90$，$SRMR=0.046<0.05$，均符合拟合标准，说明该模型的构建与拟合结果比较理想。同时，除 H5 未得到验证外，所有的直接效应假设均得到验证。所有假设检验的具体分析过程如下。

二、社会资本不同维度之间的关系检验

根据已有的理论分析，本文提出社会资本三个维度之间不再是普通平行关系的假设，认为三者之间应该存在某种相互影响的关系：结构型社会资本分别对认知型社会资本和关系型社会资本具有显著正向影响，认知型社会资本同样正向影响关系型社会资本。根据整体模型的拟合结果表 6-5 显示，结构型社会资本对认知型社会资本的标准化路径系数为 0.264，路径系数具有正向显著性（$p=0.000<0.001$），因此 H1 得到验证，即结构型社会资本越丰富，认知型社会资本也就越丰富；结构型社会资本对关系型社会资本的标准化路径系数为 0.326，具有正向显著性（$p=0.000<0.001$），H2 得到验证，即结构型社会资本越丰富，关系型社会资本也越充足；认知型社会资本对关系型社会资本的标准化路径系数为 0.682，具有正向显著性（$p=0.000<0.001$），因此 H3 得到数据支持，即认知型社会资本的情况决定关系型社会资本的丰富度。

三、社会资本与知识创造的关系检验

为了验证社会资本对知识创造的结构性影响，本书根据已有理论，提出了结构型社会资本、认知型社会资本、关系型社会资本对知识创造均具有正向影响的假设，以及关系型社会资本和认识型社会资本的中介作用等假设。在直接关系方面，利用整体结构方程模型的检验结果进行分析，即根据表 6-5，结构型社会资本可以显著地对知识创造产生积极影响，标准化路径系数为 0.277（$p=0.000<0.001$），H4 得到验证；关系型社会资本对知识创造具有显著正向影响，标准化路径系数为 0.550（$p=0.000<0.001$），H6 得到验证；认知型社会资本对知识创造正向影响未得到验证（$\beta=-0.038$，$p>0.05$），故而 H5 未得到数据支持。认知型社会资本对知识创造的直接影响未得到验证，可能是因为认知型社会资本主要体现在不同主体的认知层面，而知识创造属于实践层面的范畴，需要真实存在的资源辅助，若不同主体之间仅具有认知或“精神”层面的合作，主体之间不存在实际操作层面的关系或联系，则参与知识创造的资源较难齐备，即认知型社会资本对知识创造的直接作用相对较难（Exposito et al.，2015）。

另外，对于结构型社会资本来说，其对知识创造的影响路径为“结构型社会

资本—认知型社会资本—关系型社会资本—知识创造”，即结构型社会资本可以通过认知型社会资本和关系型社会资本的链式中介对知识创造产生影响。若链式中介效应存在的话，可为社会资本对知识创造的结构性影响研究提供较为前沿的借鉴。因此，为了验证认知型社会资本和关系型社会资本对结构型社会资本和知识创造的链式中介作用，利用 SPSS22. 0 的宏指令“PROCESS3. 2”中的 Bootstrap 检验，借鉴 Preacher 和 Hayes（2008）的研究，在链式中介效应分析过程中选择模型 Model6，结构型社会资本为自变量，认知型社会资本和关系型社会资本为两个中介变量，加入控制变量，点击按钮“抽样 5000 次”，选择“95%的置信区间”，最终的检验结果如表 6-6 所示。

表 6-6 认知型社会资本和关系型社会资本的链式中介效应检验

	间接效应值	BootSE	Bootstrap95%CI	
			LLCI	ULCI
总间接效应	0. 233	0. 035	0. 172	0. 306
具体间接效应分解				
Ind1：SSC->CSC->KC	0. 026	0. 027	-0. 027	0. 081
Ind2：SSC->RSC->KC	0. 132	0. 031	0. 077	0. 199
Ind3：SSC->CSC->RSC->KC	**0. 075**	**0. 017**	**0. 045**	**0. 111**
C1	-0. 106	0. 051	-0. 210	-0. 008
C2	-0. 050	0. 039	-0. 128	0. 026
C3	0. 056	0. 026	0. 012	0. 112

注：SSC 代表结构型社会资本，CSC 代表认知型社会资本，RSC 代表关系型社会资本，KC 代表知识创造，C1 表示 Ind1 minus Ind2，C2 表示 Ind1 minus Ind3，C3 表示 Ind2 minus Ind3。

根据表 6-6 的结果，结构型社会资本通过认知型社会资本到知识创造的间接效果量为 0. 026（路径：结构型社会资本—认知型社会资本—知识创造），置信区间为［-0. 027，0. 081］，包括 0，说明认知型社会资本在结构型社会资本与知识创造之间不具备中介变量的效果；结构型社会资本通过关系型社会资本到知识创造的间接效果量为 0. 132（路径：结构型社会资本—关系型社会资本—知识创造），置信区间为［0. 077，0. 199］，未包含 0，表示关系型社会资本在结构型社会资本与知识创造之间具有中介的效果；认知型社会资本和关系型社会资本在结构型社会资本与知识创造之间链式中介效应的 95% 的置信区间为［0.045，0.111］，不包含 0，中介效果量为 0.075，链式中介效应显著。因此，认知型社会资本和关系型社会资本在结构型社会资本与知识创造之间具有链式中介作用，H7 得到验证。

四、知识创造与动态能力的关系检验

基于理论分析和变量间关系机理讨论，本书提出了知识创造显著正向影响动态能力的假设（H8）。为了验证该假设，同样根据表 6-5 结构方程模型的结果加以阐述。结果显示，知识创造对企业动态能力具有显著的正向影响。这是因为通过构建整体的结构方程模型，得出知识创造对动态能力的标准化路径系数为 0.403，路径系数具有正向显著性（$p=0.000<0.001$），因此 H8 得到验证，即当企业创造新知识的能力不断提高时，企业应对环境变化的动态能力也随之提升，与本书提出的关于两者间关系的机理解释对应。

五、知识创造的中介作用检验

在理论分析和机理探讨的基础上，提出了两条有关知识创造在社会资本与动态能力之间中介作用的假设，分别是“结构型社会资本—关系型社会资本—知识创造—动态能力”和“结构型社会资本—认知型社会资本—关系型社会资本—知识创造—动态能力”两个路径，即关系型社会资本和知识创造在结构型社会资本和动态能力之间具有链式中介作用，认知型社会资本、关系型社会资本和知识创造在结构型社会资本和动态能力之间具有链式中介作用。若具有两个中介的链式中介效应和具有三个中介的链式中介效应同时存在的话，可为社会资本与动态能力关系研究以及知识创造与动态能力关系研究提供系统化指导。故而，为了验证这两条假设，利用 SPSS22.0 中的宏指令“PROCESS3.2”中的 Bootstrap 方法加以检验，具体分析过程如下：

1. 关系型社会资本和知识创造的链式中介效应检验

借鉴 Preacher 和 Hayes（2008）的研究，在链式中介效应分析过程中选择模型 Model 6 进行验证，引入控制变量，结构型社会资本为自变量，认知型社会资本和知识创造为连续中介变量，动态能力为因变量，点击“抽样 5000 次”，选择

“95%的置信区间”，最终的检验结果如表 6-7 所示。

表 6-7 关系型社会资本和知识创造的链式中介效应检验

	间接效应值	BootSE	Bootstrap95%CI	
			LLCI	ULCI
总间接效应	0.325	0.040	0.248	0.405
具体间接效应分解				
Ind1：SSC->RSC->DC	0.148	0.036	0.077	0.220
Ind2：SSC->KC->DC	0.089	0.025	0.045	0.145
Ind3：SSC->RSC->KC->DC	**0.088**	**0.019**	**0.055**	**0.128**
C1	0.059	0.052	-0.047	0.160
C2	0.060	0.044	-0.025	0.145
C3	0.0009	0.028	-0.054	0.056

注：SSC 代表结构型社会资本，RSC 代表关系型社会资本，KC 代表知识创造，DC 代表动态能力，C1 表示 Ind1 minus Ind2，C2 表示 Ind1 minus Ind3，C3 表示 Ind2 minus Ind3，标准化数据结果。

根据表 6-7 的检验结果，结构型社会资本通过关系型社会资本到动态能力的间接效果量为 0.148（路径：结构型社会资本—关系型社会资本—动态能力），置信区间为［0.077，0.220］，不包括 0，说明关系型社会资本在结构型社会资本与动态能力之间具备中介变量的效果；结构型社会资本通过知识创造到动态能力的间接效果量为 0.089（路径：结构型社会资本—知识创造—动态能力），置信区间为［0.045，0.145］，未包含 0，表示知识创造在结构型社会资本与动态能力之间具有中介的效果；关系型社会资本和知识创造在结构型社会资本与动态能力之间链式中介效应为 0.088，置信区间为［0.055，0.128］，0 不包括在内，说明链式中介效应显著，因此假设 H9 得到验证。

2. 认知型社会资本、关系型社会资本和知识创造的链式中介效应检验

对于具有三个中介的链式中介效应的检验，仍然根据 Preacher 和 Hayes（2008）提出的模型，在 PROCESS3.2 中选择模型 Model 6，将自变量（结构型社会资本）、中介变量（认知型社会资本、关系型社会资本和知识创造）、因变量（动态能力）、控制变量（企业年限、企业性质、所属行业、企业规模）依次放入对应选项，置信区间为“95%”，连续抽样“5000 次”，结果如表 6-8 所示。

表 6-8　认知型社会资本、关系型社会资本和知识创造的链式中介效应检验

变量	认知型社会资本		关系型社会资本		知识创造		动态能力	
	系数	95%CI	系数	95%CI	系数	95%CI	系数	95%CI
企业年限	−0.135**	[−0.234，−0.036]	0.087*	[0.013，0.161]	0.019	[−0.068，0.108]	−0.033	[−0.119，0.053]
企业性质	0.051	[−0.048，0.150]	0.037	[−0.036，0.111]	−0.070	[−0.157，0.017]	0.115*	[0.029，0.200]
所属行业	0.006	[−0.092，0.103]	0.022	[−0.050，0.095]	−0.067	[−0.153，0.018]	0.095	[0.011，0.179]
企业规模	0.068	[−0.030，0.166]	−0.040	[−0.113，0.033]	−0.0008	[−0.087，0.085]	0.042	[−0.043，0.126]
结构型社会资本	**0.386***	**[0.289，0.484]**	**0.352**	**[0.278，0.430]**	**0.231***	**[0.130，0.333]**	0.001	[−0.101，0.103]
认知型社会资本			**0.524***	**[0.448，0.600]**	**0.066**	**[−0.043，0.176]**	0.266***	[0.159，0.374]
关系型社会资本					**0.375***	**[0.254，0.496]**	0.104	[−0.020，0.228]
知识创造							**0.365***	**[0.264，0.465]**
指标	$R^2=0.155$		$R^2=0.536$		$R^2=0.359$		$R^2=0.385$	
	$F(df)=13.511^{***}_{(5,369)}$		$F(df)=70.903^{***}_{(6,368)}$		$F(df)=29.297^{***}_{(7,367)}$		$F(df)=28.584^{***}_{(8,366)}$	
效应类型	间接效应值		BootSE		Boostrap95%CI			
					LLCI		ULCI	
总间接效应	0.330		0.040		0.253		0.410	
具体间接效应分解								
Ind1：SSC-CSC-DC	0.103		0.030		0.049		0.168	
Ind2：SSC-RSC-DC	0.037		0.027		−0.016		0.090	
Ind3：SSC-KC-DC	0.084		0.024		0.041		0.137	
Ind4：SSC-CSC-RSC-DC	0.021		0.015		−0.010		0.051	
Ind5：SSC-CSC-KC-DC	0.009		0.010		−0.009		0.031	
Ind6：SSC-RSC-KC-DC	**0.048**		**0.013**		**0.027**		**0.076**	
Ind7：SSC-CSC-RSC-KC-DC	**0.028**		**0.007**		**0.015**		**0.044**	

注：SSC 代表结构型社会资本，CSC 代表认知型社会资本，RSC 代表关系型社会资本，KC 代表知识创造，DC 代表动态能力，CI 代表置信区间，* 表示 p<0.05，** 表示 p<0.01，*** 表示 p<0.001，双尾检验，标准化数据结果。

由于在检验认知型社会资本、关系型社会资本、知识创造的链式中介作用时，将模型中除调节变量惯例更新以外的所有变量均放入模型。因而，为了再次验证上文结构方程模型对整体模型和所有直接效应的检验结果，除了分析文中提出的具有三个中介的链式中介效应外，在此处将与结果方程模型对应的相关回归系数加以分析，以再次验证结构方程模型所呈现结果的合理性与规范性。

一方面，基于模型 Model 6 的数据处理结果（见表 6-8）显示，结构型社会资本对认知型社会资本和关系型社会资本的回归系数分别为 0.386 和 0.352，具有正向显著性，且置信区间分别为［0.289，0.484］和［0.278，0.430］，未包含 0，故而再次验证了 H1 和 H2；认知型社会资本对关系型社会资本的回归系数为 0.524（$p=0.000<0.001$），对应的置信区间为［0.448，0.600］，不包括 0，H3 得到再次验证。同理，结构型社会资本和关系型社会资本对知识创造的回归系数分别为 0.231（$p=0.000<0.001$）和 0.375（$p=0.000<0.001$），置信区间分别是［0.130，0.333］和［0.254，0.496］，未包含 0，结构型社会资本和关系型社会资本对知识创造的正向影响得到验证，即 H4 和 H6 再次获得数据支持。然而，认知型社会资本对知识创造的回归系数为 0.066，不显著（$p=0.236>0.05$），且置信区间为［-0.043，0.176］，其中包括 0，即 H5 不成立检验得以再次验证。在该模型中，知识创造对动态能力的直接影响得到验证，回归系数为 0.365（$p=0.000<0.001$），具有正向显著性，且置信区间为［0.264，0.465］，未包含 0，H8 得到二次验证。

另一方面，对于认知型社会资本、关系型社会资本和知识创造在结构型社会资本和动态能力之间所起到的链式中介效应，首先，根据表 6-8 的分析结果可以看出，结构型社会资本、认知型社会资本、关系型社会资本对动态能力的直接影响量分别为 0.001、0.266、0.104，置信区间分别为［-0.101，0.103］、［0.159，0.374］和［-0.020，0.228］，只有认知型社会资本对动态能力的置信区间不包括 0，即结构型社会资本和关系型社会资本对动态能力均不具有正向直接影响，仅认知型社会资本可以直接正向影响动态能力。其次，结构型社会资本通过认知型社会资本、关系型社会资本和知识创造对动态能力的间接效果量为 0.028（路径 Ind7：结构型社会资本—认知型社会资本—关系型社会资本—知识创造—动态能力），置信区间是［0.015，0.044］，0 被排除在外，说明认知型社会资本、关系型社会资本和知识创造在结构型社会资本与动态能力之间发挥的链式中介作用得到数据支持，即 H10 得到验证。另外，结构型社会资本通过关系型社会资本和知识创造对动态能力间接影响的置信区间为［0.027，0.076］，不包括 0，因此，H9 得到再次验证。

六、惯例更新的调节作用检验

基于已有的理论分析结果，本文探讨了惯例更新对知识创造和动态能力两个变量之间关系的影响机理。为了验证对应的调节作用假设，本文利用 Bootstrap 方法对数据进行分析，在 SPSS22.0 中，运行 PROCESS3.2 宏指令，选择 Hayes 所提供模型中的模型 Model 1，知识创造为自变量，动态能力为因变量，惯例更新为调节变量，加入控制变量，数据均为标准化形式，在“Options”中选择“Generate code for visualizing interactions”和“-1SD，Mean，+1SD”，为后续调节效果图做准备。模型 Model 1 的运行结果如表 6-9 所示。

表 6-9　惯例更新对知识创造与动态能力关系的调节作用检验

变量	β	SE	t	p	BootLLCI	BootULCI
截距	-0.317	0.239	-1.329	0.185	-0.787	0.152
EA	-0.080	0.044	-1.822	0.069	-0.167	0.006
EP	0.056	0.044	1.293	0.197	-0.029	0.142
EI	0.024	0.009	2.648	0.008	0.006	0.042
ES	0.024	0.016	1.504	0.134	-0.007	0.056
KC	0.224***	0.052	4.343	0.000	0.123	0.325
RU	0.495***	0.051	9.715	0.000	0.395	0.596
KC×RU	**0.135*****	**0.040**	**3.385**	**0.001**	**0.057**	**0.213**
R^2	0.480					
F	48.324					

注：EA 代表企业年限，EP 代表企业性质，EI 代表所属行业，ES 代表企业规模，KC 代表知识创造，RU 代表惯例更新；* 表示 p<0.05，** 表示 p<0.01，*** 表示 p<0.001，标准化数据结果。

根据表 6-9 的回归结果，知识创造与动态能力的直接作用量为 0.244（p=0.000，t=4.343），Bootstrap95%的置信区间为［0.123，0.325］，不包含 0，知识创造对动态能力的影响显著，再一次验证了 H8。惯例更新对动态能力的直接影响量为 0.495（p=0.000，t=9.715），Bootstrap95%的置信区间为［0.395，0.596］，不包含 0，惯例更新对动态能力的影响显著。知识创造和惯例更新的交互项（KC×RU）对动态能力的影响量为 0.135（p=0.001，t=3.385），Bootstrap95%的置信区间为［0.057，0.213］，不包含 0，说明交互项对动态能力的影响显著。以上结果分析说明，惯例更新对知识创造与动态能力的关系具有正向的调节作用，H11 得到支持。基于此，绘制了惯例更新调节知识创造和动态能力之间关系的图示，以凸显组织惯例更新的调节效应（见图 6-1）。具体来看，组织惯例更新正向调节知识创造与动态能力之间的正向关系，即当惯例更新速度较快时（简单斜率 β 较大），知识创造对动态能力的正向作用较大；而当惯例更新速度较慢时（简单斜率 β 较小），知识创造对动态能力的正向作用较小。

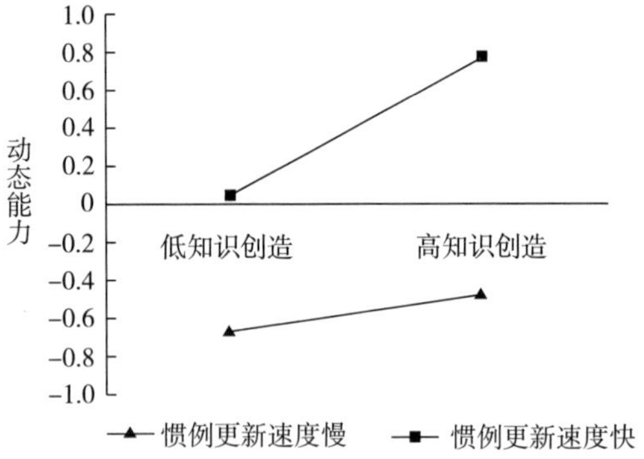

图 6-1　惯例更新快慢对知识创造与动态能力之间关系的调节作用

第六节　结果分析与讨论

针对本书构建的社会资本、知识创造、惯例更新以及动态能力之间的关系模型，综合运用 SPSS22.0、AMOS21.0、LISERL8.70、PROCESS3.2 等软件对收集到的 375 份有效数据进行分析。假设检验与实证分析结果如表 6-10 所示，结果表明，基于概念模型提出的 11 个假设中，10 个通过验证，1 个未通过验证。接下来将进一步深入分析实证检验的结果，总结 10 个通过验证的假设，并解释 1 条假设未通过的原因。

表 6-10 假设检验的验证情况

序号	假设内容	是否通过验证
H1	结构型社会资本对认知型社会资本具有显著正向影响	通过
H2	结构型社会资本对关系型社会资本具有显著正向影响	通过
H3	认知型社会资本对关系型社会资本具有显著正向影响	通过
H4	结构型社会资本对知识创造具有显著正向影响	通过
H5	认知型社会资本对知识创造具有显著正向影响	未通过
H6	关系型社会资本对知识创造具有显著正向影响	通过
H7	认知型社会资本和关系型社会资本在结构型社会资本和知识创造之间具有链式中介作用	通过
H8	知识创造对动态能力具有显著正向影响	通过
H9	关系型社会资本和知识创造在结构型社会资本与动态能力之间具有链式中介作用	通过
H10	认知型社会资本、关系型社会资本和知识创造在结构型社会资本与动态能力之间具有链式中介作用	通过
H11	惯例更新对知识创造与动态能力之间的关系有显著的正向调节作用	通过

一、社会资本不同维度之间的关系讨论

对于结构型社会资本、认知型社会资本以及关系型社会资本之间的关系，多数研究认为三者应该是平行的，即它们之间在本质上没有关联。但是根据社会资本的定义及应用，结合社会交互原则，本书认为结构型社会资本、认知型社会资本和关系型社会资本之间具有一定的关联。因此，在社会资本理论的基础上，借鉴 Ortiz 等（2018）、Prieto-Pastor 等（2018）以及 Bharati 等（2015）的研究，将社会资本分为结构型、认知型、关系型三种，以探究三者之间的关系。分析结果显示，结构型社会资本显著正向影响认知型社会资本和关系型社会资本，且认知型社会资本对关系型社会资本的正向作用显著，即 H1、H2、H3 均获得了数据的支持。这些结论丰富了社会资本理论研究。

第一，结构型社会资本对认知型社会资本存在明显的正向影响。这是因为社会资本的认知维度是建立在组织间社会交互基础之上的，就像哲学理论所明示的“经济基础决定上层建筑”，社会资本的结构维度类似经济基础，即组织间的互动，社会资本的认知维度类似上层建筑，即组织的共同愿景、共同发展目标、共同组织语言话题以及共同文化等。企业之间只有互动，才能决定是否可以构建统一的战略目标、是否可以实现企业之间的合作（Ortiz et al.，2018）。Bharati 等（2015）以组织间的项目合作为基础，分析了组织间交互关联对组织间共同价值观形成的正向影响，这和本书的研究较为统一。

第二，结构型社会资本对关系型社会资本具有显著积极的影响。这是因为结构型社会资本的本质是不同组织间的相互关联，该关联表现为不同组织之间联系的密切程度、频繁程度、互动情况以及企业在外部社会网络链条中的位置，若某企业在动荡环境下与其他企业联系紧密、互动较多且处于一定的中心地位，则该企业与其他企业之间的信任度应该较高，关系型社会资本的另一表现形式就是信任（Prieto-Pastor et al.，2018）。Ortiz 等（2018）基于西班牙生物制药行业企业的跨层分析显示，组织间社会互动与组织间信任具有正相关的关系，这与本书通过实证分析得出的研究结论具有一致性。

第三，认知型社会资本对关系型社会资本具有显著的正向影响。这是因为认知型社会资本的本质是不同行为主体之间的共享愿景、共享文化、共享语言以及共享价值观等，相当于企业的“精神领导”，对组织间的信任关系、组织间合作与互惠行为、组织间承诺的产生十分重要。当企业之间有共享愿景时，组织间的关系才能表现出信任与互惠的一面，而且这种信任关系、互惠行为的发展并非一蹴而就，随着时间的推移，需要组织间连续的合作及共享目标的指导（Prieto-Pastor et al.，2018），组织认知型社会资本对组织关系型社会资本具有显著的促进作用，是关系建立的要素之一（Ortiz et al.，2018）。

二、社会资本与知识创造的关系讨论

社会资本与不同知识管理过程之间关系的研究已有许多，例如，社会资本与知识获取、知识共享、知识应用的关系等，但是对社会资本如何影响知识创造的研究较少，特别是从不同维度视角探究社会资本与知识创造之间多角度联系的研究匮乏。结构、认知和关系是组织社会资本的不同维度，已有关于社会资本与知识管理活动关系的研究认为三个维度均直接影响知识管理的不同过程，忽略了社会资本不同维度之间内部规律性所激发的结构性效应，导致社会资本不同维度对知识创造的影响研究滞后。本书根据社会资本理论和知识管理理论，分析结构型社会资本、认知型社会资本和关系型社会资本对企业知识创造的影响路径，并得出以下研究结果：

1. 结构型社会资本和关系型社会资本对知识创造有显著的正向影响，认知型社会资本对知识创造的直接影响未得到验证

这是因为：

（1）社会互动关系影响企业在不同组织之间识别和获取他方特殊知识的机会。因此，社会互动成就了知识创造的条件，是企业获取信息资源和知识资源的渠道，保证了不同外部主体之间的正常联系与有序协作。知识创造主要包括知识交换和知识整合，目的是创造具有特定用途的多种知识，如管理性新知识、技术性新知识、市场性新知识等，组织间的互动与协同为该目标的实现提供常规性的支持（Filieri et al.，2014）。例如，若企业进行知识创造的目标是以客户需求为基点的，那么，组织对客户需求性信息（如市场性知识等）的获得需要一定的条件，如企业员工和消费者之间频繁或密切的正式、非正式交往等。所以，结构型社会资本对知识创造的影响是正向的，H4 得到支持。

（2）本书提出认知型社会资本对知识创造有显著正向影响的 H5，但是该假设并未得到验证。可能的原因是：一方面，社会资本的认知维度建立在组织间的共享理念之上，对组织行为具有引导作用。但是若不同主体之间的关系仅体现在认知层面，缺少实际操作层面的应用，例如，真实组织间信任关系的存在（关系型社会资本），那么，认知型社会资本对知识创造的促进作用可能受到抑制。另一方面，不同主体之间共享愿景、共享价值观等的构建促使社会网络中既得利益封闭圈子的形成，该圈子具有网络固化性，在为某些企业提供机遇的同时，也会限制或排斥企业对外部其他机会的识别和资源的获取，导致知识创造所需的部分资源流失（简佩茹，2019）。因此，H5 没有得到数据支持。

（3）关系型社会资本的核心是组织间信任、组织间互惠等，这对构建网络成员间的契约关系、减少组织间冲突、消除不同企业间知识交换过程中的疑虑甚

至是误解十分有利。彼此理性信赖的关系是企业获取组织间不同类型知识的润滑剂，对知识创造具有锦上添花的效果。这是因为不同企业之间对于知识创造认同感的提高需要彼此间的信任，而且只有合作关系稳定且彼此承诺的交易伙伴之间才会毫无保留地共筑知识交换渠道网，同时参与丰富多彩的知识交换，促使企业外部知识资源的识别与获取，进而保障知识创造的有效性和有序性（Chow & Chan，2008）。因此，社会资本的关系维度对知识创造的直接影响得到验证，H6 得到支持。

2. 认知型社会资本和关系型社会资本在结构型社会资本和知识创造之间具有链式中介作用

具体而言，结构型社会资本对认知型社会资本有显著的正向作用，认知型社会资本积极影响关系型社会资本，关系型社会资本正向影响知识创造。这是由于认知型社会资本具有导向性和指导性，因而发展高水平的结构型社会资本将使组织能够通过认知型社会资本有效地识别并评估有价值的知识来源，促进知识交流。故而社会资本的认知维度（如共享愿景和共同价值观等）将成为结构型社会资本对关系型社会资本的重要枢纽要素，有助于改善不同行为主体之间的关系，提高知识创造的效果（Bharati et al.，2015）。换言之，组织间社会互动程度越大，制定共同发展目标和发展计划的机会就越多，在相似发展规划（认知社会资本）的基础上，组织间信任、组织间合作以及互惠等行为也会增多，这对知识创造过程中的知识交换和知识整合具有较多正面影响。例如，为了实现知识创造，企业需要根据知识需求从外部其他企业中获取互补性或重复性的知识资源，识别外部知识资源的前提是组织间具有一定的社会互动活动，即有关联才能获取，此时组织间是否有共同的价值观和发展愿景被学者们普遍关注，同时组织间信任的作用也十分凸显。因为只有在密切联系基础上，具有稳定关系和共同发展目标的企业之间才有知识交换甚至是释放不同类型知识的理念（Geneste & Galvin，2015），这也侧面反映了认知型社会资本对知识创造的正向影响需要关系型社会资本的中介作用。总之，认知型社会资本和关系型社会资本在结构型社会资本与知识创造之间具有链式中介效应，H7 得到数据支持，这为结构型社会资本与知识创造的关系研究提供创新性借鉴。

三、知识创造与动态能力的关系讨论

目前关于动态能力的研究已经十分丰富，主要聚集于战略管理领域、企业创新领域以及知识管理领域。在知识管理领域，很多学者根据知识管理理论从知识转移、知识吸收等视角研究动态能力的形成机制，即将重点放在这些跨组织的、倾向于被动接受的知识管理过程对动态能力的直接影响上，却忽视了知识创造这一主动创新知识的内生行为对动态能力形成机理的影响（Helfat & Peteraf, 2003）。本书结合动态能力理论和知识管理理论，在分析以社会资本为前提的知识创造形成机理基础上，认为知识创造显著地正向影响动态能力。这是因为：为了应对环境变化带来的挑战甚至危机，如随时变换的顾客需求、宏观生态环境的突变等，企业需要不断地主动创造新的知识以弥补原来过时的、僵化的以及不兼容的知识缺口，而这种创造性的迫切需求迫使企业展开知识创造。知识创造可以为企业提供参与发展的创新性知识资源，引导企业掌握主动性，满足企业对新知识的需求，从而更加高效地提高企业动态能力（Lawson & Samson，2001）。Kraaijenbrink 等（2010）在研究中指出，提高企业动态能力的关键是创新知识。Lampel 和 Shamsie（2003）认为不断创造新知识才是企业应对不断变化环境的本质需求，与本书研究较为一致。总之，知识创造对动态能力的正向影响得到验证，H8 得到数据和理论的支持。

四、知识创造的中介作用讨论

本书探讨了社会资本不同维度、知识创造和动态能力之间的关系，认为关系型社会资本和知识创造在结构型社会资本和动态能力之间具有链式中介作用，认知型社会资本、关系型社会资本和知识创造在结构型社会资本和动态能力之间具有链式中介作用，对应 H9 和 H10。实证检验的结果表明，H9 和 H10 均通过验证。

研究发现，社会资本的关系维度和知识创造对结构型社会资本与动态能力之间关系的链式中介作用是一个互补的角色，即关系型社会资本和知识创造在结构型社会资本和动态能力之间的关系中起到链式中介作用。当社会网络中的企业与不同利益相关者之间有社会互动时，不同主体彼此之间交互的积极性激励企业与其他主体之间相互信任的合作关系，帮助企业实现科学的治理结构、明确权责关系、形成良好的激励约束机制、降低机会主义倾向，规避企业实施知识创造活动中的不确定性（简佩茹，2019）。在由结构型社会资本和关系型社会资本构建的彼此信任的环境中，企业积极进行知识交换，不断参与知识整合，促进知识创造的顺利实施。由此，经过企业对新知识的不断应用，知识创造对动态能力的正向影响得以体现，即不同利益相关者之间的社会互动不仅对企业知识创新行为的深度发展十分必要，而且对企业充分利用组织间信任关系和知识创造催化动态能力的形成也特别重要（Jensen & Szulanski，2004；Exposito et al.，2015）。说明结构型社会资本通过刺激关系型社会资本的丰富度激活企业知识创造意识，进而提高动态能力。

研究发现，认知型社会资本、关系型社会资本和知识创造在结构型社会资本和动态能力之间具有链式中介作用。这是因为：社会网络中企业与其他不同主体之间的互动推动了不同组织间共享愿景的设计、共同价值体系的构建以及共同合作发展目标的制定。因此，社会资本的认知维度允许企业从广泛的合作伙伴中识别、理解并整合类型各异的新颖知识，减少组织间的认知距离和逆向选择行为，这为不同主体间合作与互惠行为的发展、信任与承诺关系的建立提供指导，进而促使企业之间的关系随着时间的变化而变得更加值得信任，由此互惠、合作与承诺也越来越多（Castro & Roldán，2013），关系型社会资本得以丰富。关系型社会资本增加企业外部知识获取的机会，虽然结构型社会资本在单独考虑时对知识创造有显著正向影响，但单独考虑认知型社会资本时，其对知识创造并不能产生直接的促进作用，因而将关系型社会资本视为连接认知型社会资本与知识创造之间的桥梁显得更为贴切。至此，经由结构型社会资本的形成、认知型社会资本的指导、关系型社会资本的护航所构建的企业知识创造场景得以顺利构建，知识创造的可实现性得以全方位体现，知识创造的效果得以优化，新知识向能力的转化也在企业与不同主体合作的基础上全面实现，应对环境变化的动态能力得以提升，即认知型社会资本、关系型社会资本和知识创造在结构型社会资本和知识创造之间的链式中介作用得以验证，H10 得到验证。

五、惯例更新的调节作用讨论

具体而言，惯例更新对知识创造与动态能力之间关系的调节作用得到支持，即假设 H11 得到验证。这是因为：知识创造对动态能力的影响表现为企业对知识的应用，因而不能忽视动态能力形成过程中知识这一本体资源的重要性。新知识向企业动态能力的转化依赖组织惯例的作用，即只有被企业利用的知识方能体现出其价值（Tallott & Hilliard，2016）。未被利用的知识相当于无用资源，对企业发展没有任何影响，甚至成为企业发展的抑制性因素，因为企业需要花费资源对这些未被利用的知识加以管理（王向阳等，2018）。在新知识向能力转化的过程中，组织惯例的价值便体现出来，新知识和组织惯例的协同促使组织各项能力不断提高，特别是动态能力，因为动态能力针对的是动荡且无规律的外部环境。新知识满足企业应对外部环境变化的新需求，组织惯例更新赋予企业利用新知识的权利（Kor & Mahoney，2005）。

在组织惯例更新速度较快时，说明企业能够更好地适应和匹配环境的变化，可以很好地针对外部环境的变化做出及时反应甚至瞬时反应，对知识创造需求的理解也较充分（何种知识、多少知识等），这种需求会转化为知识创造的动力，进而提高企业的动态能力；而当惯例更新速度较慢时，说明企业活动与外部环境变化的匹配程度较低，即组织不能及时对外部环境的变化做出反应，对企业知识创造的需求理解不够充分，限制企业动态能力的提升。该结论与相关文献的研究结果吻合，如唐朝永等（2018）以组织衰落和失败学习为研究情境，认为组织惯例更新会增强组织衰落与失败学习之间的关系。刘立娜和于渤（2019）基于对哈尔滨电站设备集团公司的纵向案例研究，认为企业动态能力的发展需要知识和组织惯例的共同演化，从侧面证明了知识创造和组织惯例更新在动态能力形成过程中的协同效应。

第七节　本章小结

本章利用 SPSS22.0、AMOS21.0、LISERL8.70 以及 PROCESS3.2 中 Bootstrap 的指令，对数据进行了实证分析并对提出的假设进行验证，同时对研究结论进行了讨论。通过对获得的 375 份调研样本数据进行描述性统计分析、相关性分析、共同方法偏差分析、无反应偏差分析、信度和效度分析，在基本分析结果都满足实证检验标准的基础上，对提出的假设进行检验。具体地，运用结构方程模型分析主效应，包括社会资本的内部结构分析、社会资本不同维度对知识创造的影响路径分析以及知识创造对动态能力的影响路径分析等；运用 PROCESS3.2 中的 Bootstrap 方法，结合 Hayes 提出的匹配模型验证链式中介效应和惯例更新的调节作用。研究结果表明，11 个假设中有 10 个得到验证，1 个未获得数据支持。同时，本章针对实证研究结果，围绕“社会资本—知识创造—动态能力”这一研究主线，对社会资本的内部结构、社会资本不同维度对知识创造的影响机理、知识创造的中介作用以及惯例更新的调节效应四个问题进行深入讨论，并对未通过检验的假设做出解释。

第七章　结论与展望

综合社会资本不同维度之间关系分析、社会资本对知识创造结构性影响研究、知识创造与动态能力关系解读、知识创造的中介作用以及组织惯例更新调节作用的揭示，首先，本章将系统梳理主要的研究结论，并在对比已有相关研究的基础上，提出本书的创新之处和理论贡献。其次，从为企业管理实践发展助力的角度，进一步揭示研究结果对企业管理实践的启示。最后，指出本书的研究局限和未来展望。

第一节　主要研究结论

本书根据社会资本理论、知识管理理论、惯例基础理论和动态能力理论，在分析不同变量之间作用机理的基础上，构建社会资本、知识创造、惯例更新影响动态能力的理论模型，并提出 11 个相应假设。随后，采用问卷调研的方式，收集到来自中国广州市、珠海市、深圳市和青岛市高新技术企业的 375 份有效问卷，综合运用 SPSS22. 0、AMOS21. 0、LISERL8. 70 和 PROCESS3. 2 等软件对数据进行分析和实证检验。实证分析结果显示，11 个假设中有 10 个得到验证，1 个未得到验证。主要研究结论为：

（1）社会资本包括结构型、认知型和关系型三个维度，不同维度之间相互关联，且对知识创造的作用路径不同，即结构型社会资本积极影响认知型社会资本和关系型社会资本，认知型社会资本积极影响关系型社会资本；同时，结构型社会资本和关系型社会资本对知识创造均具有显著积极影响，但认知型社会资本并不能直接正向作用于知识创造，认知型社会资本和关系型社会资本在结构型社会资本与知识创造之间具有链式中介作用。

（2）知识创造在社会资本与动态能力之间起到中介作用，即关系型社会资本和知识创造在结构型社会资本与动态能力之间具有链式中介作用，同样认知型社会资本、关系型社会资本和知识创造在结构型社会资本与动态能力之间具有链式中介作用。

（3）组织惯例更新正向调节知识创造与动态能力之间的关系，即当组织惯例更新速度快时，知识创造对动态能力的积极影响较大，当组织惯例更新速度较慢时，知识创造对动态能力的积极影响较小。

第二节　研究创新点

本书针对理论与实践共同关注的热点问题——如何利用组织社会资本有效实现知识创造并提高动态能力进行研究。根据已有研究的不足，基于社会资本理论、知识管理理论、惯例基础理论和动态能力理论，构建社会资本、知识创造、惯例更新、动态能力等变量之间的关系模型，研究结论纵向拓展了相关理论的研究深度，创新点主要包括以下几处：

第一，对社会资本的内部结构及其对知识创造的结构性影响进行了充分分析与验证，为社会资本相关研究提供新视角。已有关于社会资本的研究认为结构型社会资本、认知型社会资本、关系型社会资本之间互不影响，独立存在（Lee et al.，2018；侍文庚和蒋天颖，2012；唐朝永等，2014），忽视了社会资本不同维度之间的内部关联性。进而导致社会资本对知识创造的结构性影响研究受限，即虽然国内外学者对知识创造的前因变量进行了广泛研究（Yen et al.，2015；林筠等，2017；Jacob，2017；Hong et al.，2017；Lee et al.，2018），但从社会资本内部结构视角分析知识创造影响因素的研究匮乏。本书根据社会资本理论和知识管理理论，借鉴 Ortiz 等（2018）和 Prieto-Pastor 等（2018）的多维度社会资本研究思路，聚焦社会资本的内部结构研究，重点关注结构型、认知型、关系型社会资本之间的本质递推关系，并以此为基础研究不同维度的社会资本对知识创造的不同作用路径，强调认知型社会资本和关系型社会资本的链式中介作用，完善了与社会资本内部结构相关的研究。

第二，将知识创造作为连接社会资本和动态能力的关键变量，关注知识创造在社会资本与动态能力之间的中介效应，明确社会资本对动态能力的作用机理。已有关于社会资本与动态能力关系的研究强调社会资本对动态能力的直接影响（Blyler & Coff，2003；Zheng et al.，2011；Lee et al.，2018），忽视了知识创造在社会资本与动态能力之间可能存在的桥梁作用。本书根据社会资本理论和知识管理理论，从资源—行为—能力视角，深入分析知识创造在社会资本与动态能力之间发挥的中介作用，研究结论不仅丰富了动态能力形成机制研究，而且为知识创造相关研究提供新视角。

第三，引入惯例更新的概念，并将其作为知识创造与动态能力之间的关键调节变量，完善了动态能力的边界条件研究。已有关于动态能力的研究多数聚焦知识属性、知识管理过程与动态能力的关系分析（Bitencourt et al.，2020；卢启程等，2018），对于知识如何转化为动态能力的研究不足，较少有研究从知识与惯例结合视角探究动态能力形成机理，忽视了惯例的隐性作用，而且知识创造和惯例更新在动态能力形成过程中起到何种作用也是以往研究尚未涉及的。本书聚焦惯例视角，将惯例更新纳入考虑之中，结合知识管理理论和惯例基础理论，分析惯例更新对知识创造和动态能力之间关系的调节作用，揭示了知识创造影响动态能力的边界条件，拓展了动态能力的相关研究。

第三节　实践启示

本书研究的重点是探讨“社会资本—知识创造—动态能力”这条主线上的相关问题。一是分析社会资本的三个维度——结构型社会资本、认知型社会资本、关系型社会资本相互之间的关系，弥补以往认为三者之间是独立存在的理念缺陷，为企业对组织社会资本的管理与应用提供借鉴；二是分析社会资本对知识创造的结构性影响，即结构型社会资本、认知型社会资本和关系型社会资本对知识创造的影响途径和作用方式，认知型社会资本和关系型社会资本在结构型社会资本与知识创造之间的链式中介作用应该受到重视；三是讨论知识创造在社会资本与动态能力之间的中介作用，其中认知型社会资本、关系型社会资本和知识创造在结构型社会资本与动态能力之间的链式中介效应需慎重考虑；四是在惯例更新速度不同时（快和慢），知识创造对动态能力的影响不同，通过对企业知识和组织惯例的有效应用和管理，可以提高动态能力。根据本书的理论研究内容，研究结论能够从多方面为企业创新知识和提高应对环境变化的能力提供有益借鉴，具体实践启示如下：

1. 强化社会资本的结构化管理

外部环境的变化对企业来说并非总是坏事，给企业带来挑战的同时也带来了转型升级的契机，特别是在当前万物互联、网络重重的社会环境下，环境变化的偶然性和间歇性意味着企业知识资源创新需求的迫切性，组织社会资本有利于知识创造的高效实现，因而企业应该更加重视社会资本的积累和管理。面对复杂的外部环境，传统的“以守为攻”的组织社会资本管理方式难以有效应对环境变化带来的挑战，甚至会失去机遇。因此，融入社会资本的“主动进攻”管理模式可未雨绸缪，通过长期的、有目的性的、有计划的企业活动积累社会资本就变得尤为重要（Ortiz et al.，2018）。而对社会资本进行良好管理的条件是管理者对同外部利益相关者合作流程的重视，做到“兵马未动，粮草先行”。在同外部组织构建关联的过程中，企业应该遵循相关原则，即何时应该重视结构型社会资本，何时应该重视认知型社会资本，何时应该重视关系型社会资本。

对于新入行企业来说，该类企业同各主体间可能并无联系，因而企业需要强化组织间互动并同外部企业或机构“联盟”或“建交”。互动的方式可以总结为两类，一类是正式的沟通，另一类是非正式的交流（Prieto-Pastor et al.，2018）。从正式沟通的角度来说，企业应该在政策允许的情况下制定计划，组织供应商、生产商、销售商、客户等参与企业交流会，成立研讨班，组织培训会，开展产品或服务展示会，积极掌握企业供和求的动态变化情况，以便获取瞬时知识资源。

从非正式沟通的角度来说，企业可以要求员工以非正式的方式拜访企业的供应商、客户或者生产商等，从而提高公司感知组织外部信息变化、资源调整等的敏感度，方便企业收集较多客户需求信息以及未来合作规划信息。例如，近几年刚出现的电商平台“拼多多”秉持“与巨人共舞”的理念，获得腾讯等知名投资机构的投资，并实现上市，体现了其对组织间关联的重视。

对于成熟企业来说，该类企业已与不同的组织产生了互动，此时重视认知型社会资本和关系型社会资本的发展十分必要，即结构型社会资本的存在为认知型社会资本和关系型社会资本的延伸创造了条件。对于此时的认知型社会资本和关系型社会资本的管理，企业管理者甚至是每位员工都应该坚持“共赢”的理念，在强化同外部组织（外部利益相关者）互动的条件下，应该主动加强与外部网络中具有相似企业文化和组织语言的其他主体的思想沟通和价值观分享，为与不同组织的深度沟通和交流提供基础。同时，在合作过程中，组织之间应该坚持善意和彼此信任，构建互惠共赢的企业氛围，积极参与不同企业间的合作，维持外部资源依赖主动性，谋求长期稳定的合作发展战略方针（Bharati et al.，2015）。例如，华为以“合作共赢”的理念重视对海思的研发投入，积极提升京东方、豪威科技等国内龙头厂商的产品质量和供应能力，故而即使美国在 2019 年 5 月将华为纳入“实体名单”之后，华为仍然能够妥善处理因“黑天鹅事件”而引起的连锁反应，且 2019 年上半年华为全球销售收入 4013 亿元人民币（同比增长 23.2%）。

总之，结构型社会资本与认知型社会资本和关系型社会资本之间不再是平行的关系，它们之间存在特别的因果关系，故需要进行管理，以便企业可以选择合适的企业合作。上文叙述的不同维度社会资本的发展顺序并非一成不变，只是不同时期的侧重点可能不同，以为它们之间的关系研究提供借鉴。

2. 重视不同类型社会资本对知识创造的影响方式

对组织社会资本的良好管理可以促使企业获得有价值的知识资源，特别是与本企业互补的、能够与企业现有知识进行整合的异质性知识。但可能由于我国企业在知识管理经验方面的缺乏，还有很多企业重竞争轻合作、重有形资源轻无形资源，使得企业在实践中忽视了结构型社会资本、认知型社会资本和关系型社会资本，导致企业不能很好地利用组织社会资本，对社会资本不同类型的区分重视程度不够，不能较好地利用社会资本指导知识创造。本书通过实证研究分析了社会资本对知识创造的结构性效应，认为结构型社会资本和关系型社会资本分别对知识创造有显著正向作用，关系型社会资本和认知型社会资本是可以作为中介变量而存在的，但认知型社会资本对知识创造的正向作用并未得到验证。因此，在管理实践中，企业如何利用不同类型的社会资本有效地创造新知识值得深思。

首先，针对结构型社会资本、关系型社会资本分别对知识创造的直接影响，在企业管理实践中，对企业经营的薄弱环节有的放矢地、主动地强化同上下游企业等（供应商、销售商、生产商、顾客）的联系（结构型社会资本），利用共同研讨、技术共享、人员往来以及策略整合等多种方式，从组织间获得更多的知识资源（Segarra-Ciprés et al.，2014），拓宽知识创造的资源渠道。例如，小米公司充分借助互联网传播特性，利用微博、微信、论坛、官方网站等社会化媒体，同时强化同上下游企业之间的合作，很快实现从单一智能手机制造向智能硬件生态链运营转型的历程。在关系型社会资本方面，参与合作的企业之间要建立公开透明的监督机制与合理合法的惩罚机制。这是因为在监督的作用下，损害公共利益的行为可以被及时发现甚至提前制止，降低违背互惠合作原则的概率，从而有利于提高企业对外部互补性知识的认可度，推进企业知识创造。比如，在处理与媒体关系上，任正非认为要“低作堰”，而不是“高筑坝”，善待媒体、积极互动，与媒体做朋友，让媒体有的说，华为才能发展得更好。这是关系型社会资本积累的一种体现。另外，应该重点关注认知型社会资本与知识创造之间的关系管理，不能只重视社会资本输出的正效应而忽视了社会资本的负向输出，即潜在认知引导下的圈子封闭性可能减少企业知识创造的机会。

其次，针对认识型社会资本和关系型社会资本的链式中介作用，在企业管理实践中，应该意识到知识创造过程中社会资本的层次化管理，重视对组织社会资本的发展顺序和内部员工的管理。从组织间层面来说，企业应该主动拜访本行业的主管政府部门或参与行业协会活动，重视与第三方机构的互动，了解本行业的发展规划或者政府的监督政策，掌握市场环境变化的方向，识别关于整体市场的发展态势以及竞争对手的基本情况（Williams & Nones，2009），了解知识创造总需求。在此基础上，企业应该说服同类企业或上下游企业构建共同的发展目标，及时开展合作，占据位置优势，鼓励这些企业与自己建立合作的关系。同时，严格遵守政策和保护商业机密，坚持自律并信守承诺，制定良好的激励机制，对于合作参与方的贡献及时给予回报甚至超额奖励，不能因短期利益而对长久信任造成损害（Bharati et al.，2015）。这些都将为企业识别外部特殊知识资源，进而促进知识创造提供条件。例如，优衣库联合多个高端品牌、知名艺术家、明星、科技等，创造 1+1>2 的效果，进而推动全方位的价值创新。

从组织内层面来说，由于与外部其他主体关联的基本单位是员工，这就需要企业利用有效的人力资源管理实践肯定员工对组织发展的贡献，即“攘外必先安内”。如关心员工的心理满足感，强化员工对企业的认同感，提升员工忠诚度。因为员工认同感的提升意味着员工对企业的发展规划、发展目标、组织文化以及组织价值观的认同（Michailova & Zhan，2015）。只有当员工认同企业的做法时，员工甚至是管理者才有可能积极同外部其他组织共享目标或组织文化。另外，对于需要知识创造的企业来说，一致的发展目标是不同组织成员需要共同认识的，同时善于主动帮助知识创新过程中存在困难的员工、坚持信守承诺、促使信任型组织的构建也是必要的。这是因为，只有当员工之间、企业之间有了互惠互联的关系，形成良好的心理契约，其他外部行为主体才愿意奉献出异质性的知识。例如，好未来教育机构与员工之间的互相成就就是最好的体现。创业初期，好未来利用“奥数网”激发员工服务客户的能力；在扩张阶段，好未来营造内部公平竞争的氛围来激发员工的活力；在领先阶段，好未来鼓励员工拥抱科技，员工则主动拥抱变化。

3. 注重知识应用对动态能力的作用

知识创造是企业成长的内生引擎，为企业正常运营提供知识资源。新创造的知识最终是要被应用的，甚至在实践过程中实现了再次创新，企业应对环境变化和持续发展能力的提高也基于知识不断内在化、实用化的前提（Mehralian et al.，2018）。因此，企业也需要通过长期的和有计划的新知识利用活动提高动态能力。

第一，在企业发展过程中，新的情报信息资料、技术创新等需要被相关员工及时了解，进而丰富企业提高动态能力的知识等原材料。第二，外部新产生的事物与新发生的事件需要被员工关注，管理者应该鼓励成员参与企业建设的主动性，对在平时工作中主动积极关注外部环境变化的员工加以物质或精神表扬，在员工培训的基础上提高员工认识外部有效知识资源的能力（Brockman & Morgan，2003）。在这种情况下，员工会对新创造知识的利用产生一种导向性，这也是将新创造的知识与外部需求相匹配的过程。第三，企业需要完善“知识地图”，保证外部获取的知识可以与本企业的知识有效融合。知识共享实现机制或平台的构建是十分必要的，鼓励组织成员将自身知识分享给相关部门或员工，凸显创造性学习的重要性，为努力实现创新成果转化的员工提供奖赏，并且惩罚有意阻碍知识创造的员工，以方便企业内部员工之间知识的共享与学习，进而进行知识利用和知识使用。第四，制定与之相应的政策以督促企业对新知识的应用也同样重要。在鼓励提高知识转化效率的目标下，提高员工主动参与知识应用的创造性，实时监测知识应用情况，结合外部环境实现对新知识的合理使用，有利于提高动态能力。例如，阿里巴巴旗下的阿里众包和盒马鲜生，及时瞄准外部环境变化的方向，善于整合大众资源，汇聚大众的知识和力量，重视知识创新，总能为企业应对环境变化提供个性化解决方案。

4. 适当实施惯例更新，增强组织柔性

在不同的组织环境下，企业进行惯例更新的速度有一定的差异，而且企业动态能力的本质也是对组织惯例和组织知识的动态管理。因此，在谈论知识创造与动态能力的关系时，不应该忽视惯例更新的作用。本书结合惯例演化研究，将惯例更新引入理论模型。研究结果表明，惯例更新在知识创造与动态能力之间具有正向的调节作用。该结论为企业及其管理者重视惯例更新的作用并实施差异化的知识创造战略提供了合理化的指导和建议。在企业管理实践中，管理者应该意识到知识创造与动态能力之间的关系会受到惯例更新的影响。这是因为企业知识创造与知识应用的过程需要惯例的支撑与参与，若新知识是企业的一种创新性资源，则惯例可以看作是利用这些知识资源的行为；若知识创造作为企业创新知识的一种行为，则惯例更新则是与知识创造互补的调节行为（Bingham & Eisenhardt，2011）。因此，管理者应该重点关注组织惯例特别是惯例更新的特殊价值，适当适时地提升组织惯例更新的速度，增强组织惯例的灵活性、柔韧性和适应性（Andersson et al.，2016）。

具体来讲，组织惯例更新的主要方式之一就是组织变革，惯例更新速度与组织变革速度相关，因此，为了提高组织惯例更新的速度，进而提高知识创造对动态能力的影响绩效，首先，管理者应该鼓励员工接受组织惯例的更新，正确认识组织因为环境变化对流程、规则等做出的改变，及时安抚员工情绪，化解员工的抵触情绪和行为，创造组织惯例更新的条件。其次，企业应该在“天时、地利、人和”之时，引导员工参与惯例更新，不但包括组织规则或生产流程的改变，而且包括对组织文化、价值观等的变革（Koch，2011）。对参与惯例更新的员工加以物质或者精神奖励（唐朝永等，2018）。这是因为员工对外部环境变化的反应速度有所不同，故而适时地更新组织行为或规则至关重要（Canonico et al.，2012）。最后，企业管理者应该重视对具备长期发展意愿、变革精神的管理人员的培养，在对这类人员进行全方位培训的基础上提高创新服务意识、愿景构建能力以及组织学习能力，从而为组织惯例更新提供战略性指导。例如，同样是激烈的、动荡的竞争环境，李渡酒业正是因为重视对组织惯例的更新，才能不断突围激烈的市场竞争、走向稳步发展。而名噪一时的孔府家宴，在数字化、智能化发展的时代，仍然保持原有的经营模式，坚持对广告的投入，拒绝惯例更新，最终走向破产之路。

第四节　研究局限及未来展望

在相关理论分析的基础上，本书重点探讨了社会资本的内部结构问题、社会资本对知识创造的结构性影响、知识创造的中介效应、惯例更新的调节效应，并且构建了代表不同变量之间关系的概念模型。通过对大样本问卷调研所获得的数据进行实证分析，检验了社会资本各个维度之间的关系以及结构型社会资本、认知型社会资本、关系型社会资本与知识创造之间的关系，分析了知识创造在社会资本与动态能力之间的中介作用，探讨了惯例更新对知识创造与动态能力关系的调节作用。虽然研究成果对丰富社会资本理论、知识管理理论以及动态能力理论具有一定贡献，但同样存在些许局限，需要在后续研究中及时完善。

第一，参与实证检验的数据来源于高新技术企业密集且经济发展迅速的地区，如广州、珠海等。这类地区的企业具有代表性，但其他地区的高新技术企业未能顾及，如欠发达区域，对研究结论的普遍适应性存在限制。将来在样本选择上，可以选择更加广泛的区域，对不同区域的数据进行比较分析，以便进一步提高结论的说服力和普适性，从而使对研究结论具有更加广泛的实际意义。

第二，数据为截面数据，很难详细说明社会资本应如何随着时间的推移而发展，未来研究可以采用追踪研究法或实验法，以获取时间序列数据或面板数据，避免时间滞后效应对变量间关系的影响，从而识别相关研究变量之间动态演化的规律，以及更加具体地了解动态能力形成过程中不同变量作用的情况。此外，本书基于已有研究的不足及相关理论构建概念模型，缺少案例的支撑，未来将考虑结合案例研究方法探究目标变量之间的关系并构建理论模型。

第三，尽管本书的数据来源于具有知识管理经验的高新技术企业，但是由于相关因素的限制，在明确样本企业所处区域、所属行业以及实际调研过程中存在的误差是无法避免的。控制变量只有年限、性质、规模和行业，对于区域环境和地区政策对模型的影响欠缺考究。在后续研究中，应该考虑将与企业知识管理相关的政策性因素加入模型，加入有效的控制变量，从而对研究结果作进一步讨论，以得到更加令人信服的研究结论。

第四，本书从社会资本视角出发，解释了社会资本如何影响知识创造以及知识创造如何影响动态能力，得出的研究结论仅仅是知识、惯例、动态能力之间复杂关系的“九牛一毛”，不足之处尚需完善。虽然从知识创造的结果——技术性、管理性、市场性和操作性四种知识角度测量知识创造，但并未对社会资本三个维度与不同类型知识创造的关系进行探究，这就导致了模糊性。根据四种知识的定义和特点，结构型社会资本、认知型社会资本、关系型社会资本对企业创造不同类型知识的影响可能有异。在未来研究中，可单独对社会资本的不同维度与不同类型知识创造之间的关系进行探讨，在分析结构型社会资本、认知型社会资本、关系型社会资本分别对技术性知识创造、管理性知识创造、市场性知识创造和操作性知识创造的影响的条件和方式的基础上，提高企业对社会资本和知识创造的认识程度。此外，本书在考虑知识和惯例的基础上分析了动态能力的形成机理，对动态能力理论研究具有一定意义。但是研究中动态能力的形成并非一蹴而就，而是一个过程，本书在研究中将动态能力作为一个瞬时变量，忽视了动态能力的过程性。后续研究中有必要重视动态能力三个不同方面（感知能力、获取能力、重新配置能力）之间的内在关系，考虑到这三个维度是循序渐进或相互影响的，认识到知识创造特别是不同类型的知识创造对动态能力不同方面的影响是存在差异的，重视环境动态性差异对该模型的影响机理，从而更加系统、全面、深入地学习动态能力形成机制。

参考文献

[1] ACEDO F J, BARROSO C, GALÁN J L. The resource-based theory: Dissemination and main trends [J]. Strategic Management Journal, 2006, 27 (7): 621-636.

[2] ADLER P S, KWON S W. Social capital: Prospects for a new concept [J]. Academy of Management Review, 2002, 27 (1): 17-40.

[3] ADNER R, HELFAT C E. Corporate effects and dynamic managerial capabilities [J]. Strategic Management Journal, 2003, 24 (10): 1011-1025.

[4] AHUJA G, KATILA R. Technological acquisitions and the innovation performance of acquiring firms: A longitudinal study [J]. Strategic Management Journal, 2001, 22 (3): 197-220.

[5] AJMAL M, HELO P, KEKALA T. Critical factors for knowledge management in project business [J]. Journal of Knowledge Management, 2010, 14 (1): 156-168.

[6] AKERMAN N. Knowledge-acquisition strategies and the effects on market knowledge—profiling the internationalizing firm [J]. European Management Journal, 2015, 33 (2): 79-88.

[7] AKIRAN A T. Interfirm knowledge exchanges and the knowledge creation capability of clusters [J]. Academy of Management Review, 2009, 34 (4): 658-676.

[8] AKHAVAN P, HOSSEINI S M. Social capital, knowledge sharing, and innovation capability: An empirical study of R&D teams in Iran [J]. Technology Analy-

sis and Strategic Management, 2016, 28 (1): 96-113.

[9] ALAVI M, LEIDNER D E. Knowledge management and knowledge management: Conceptual foundations and research issues [J]. MIS Quarterly, 2011, 25 (1): 107-136.

[10] ALGUEZAUI S, FILIERI R. Investigating the role of social capital in innovation: Sparse versus dense network [J]. Journal of Knowledge Management, 2010, 14 (6): 891-909.

[11] AMBROSINI V, BOWMAN C. What are dynamic capabilities and are they a useful construct in strategic management? [J]. International Journal of Management Reviews, 2009, 11 (1): 29-49.

[12] ANA P L, CARMEN C M, ANTONIO C L, GLORIA C R. How social capital and knowledge affect innovation [J]. Journal of Business Research, 2011, 64 (12): 1369-1376.

[13] ANDERS P N. Understanding dynamic capabilities through knowledge management [J]. Journal of Knowledge Management, 2006, 10 (4): 59-71.

[14] ANDERSSON U, DASÍÀ, MUDAMBI R, PEDERSEN T. Technology, innovation and knowledge: The importance of ideas and international connectivity [J]. Journal of World Business, 2016, 51 (1): 153-162.

[15] ANDREWS K, DELAHAYE B L. Influences on knowledge processes in organizational learning: The psychological filter [J]. Journal of Management Studies, 2000, 37 (6): 797-810.

[16] ANNOSI M C, MARTINI A, BRUNETTA F, MARCHEGIANIL. Learning in an agile setting: A multilevel research study on the evolution of organizational routines [J]. Journal of Business Research, 2020, 110 (6): 554-566.

[17] ANSSI S. The knowledge system of a firm: Social capital for explicit, tacit and potential knowledge [J]. Journal of Knowledge Management, 2008, 12 (1): 63-77.

[18] ARIBI A, DUPOUËT O. The role of organizational and social capital in the firm's absorptive capacity [J]. Journal of Knowledge Management, 2015, 19 (5):

987-1006.

[19] ARTHURS J D, BUSENITZ L W. Dynamic capabilities and venture performance: The effects of venture capitalists [J]. Journal of Business Venturing, 2006, 21 (2): 195-215.

[20] ATHERTON A. Organisational "know-where" and "know-when": Re-framing configurations and distributions of knowledge in organizations [J]. Knowledge Management Research & Practice, 2013, 11 (4): 410-421.

[21] AUDRETSCH D B, ALDRIDGE T T, SANDERS M. Social capital building and new business formation: A case study in Silicon Valley [J]. International Small Business Journal, 2011, 29 (2): 152-169.

[22] BARKER R. Management of knowledge creation and sharing to create virtual knowledge-sharing communities: A tracking study [J]. Journal of Knowledge Management, 2015, 19 (2): 334-350.

[23] BARRETO I. Dynamic capabilities: A review of past research and an agenda for the future [J]. Journal of Management, 2010, 36 (1): 256-280.

[24] BECKER M C. Organizational routines: A review of the literature [J]. Industrial and Corporate Change, 2004, 13 (4): 643-678.

[25] BECKER M C. The concept of routines: Some clarifications [J]. Cambridge Journal of Economics, 2005, 29 (2): 249-262.

[26] BECK R, RAI A, FISCHBACH K, KEIL M. Untangling knowledge creation and knowledge integration in enterprise wikis [J]. Journal of Business Economics, 2015, 85 (4): 389-420.

[27] BERGMAN J, JANTUNEN A, SAKAS J M. Managing knowledge creation and sharing-scenarios and dynamic capabilities in inter-industrial knowledge networks [J]. Journal of Knowledge Management, 2004, 8 (6): 63-76.

[28] BERTELS S, HOWARD-GRENVILLE J, PEK S. Cultural molding, shielding, and shoring at Oilco: The role of culture in the integration of routines [J]. Organization Science, 2016, 27 (3): 573-593.

[29] BHARATI P, ZHANG W, CHAUDHURY A. Better knowledge with social

media? Exploring the roles of social capital and organizational knowledge management [J]. Journal of Knowledge Management, 2015, 19 (3): 456-475.

[30] BINGHAM C B, EISENHARDT K M. Rational heuristics: The "simple rules" that strategies learn from process experience [J]. Strategic Management Journal, 2011, 32 (13): 1437-1464.

[31] BITENCOURT C C, SANTINI F O, LADEIRA W J, SANTOS A C, TEIXEIRA E K. The extended dynamic capabilities model: A meta-analysis [J]. European Management Journal, 2020, 38 (1): 108-120.

[32] BIESENTHAL C, GUDERGAN S, AMBROSINI V. The role of ostensive and performative routine aspects in dynamic capability deployment at different organizational levels [J]. Long Range Planning, 2019, 52 (3): 350-365.

[33] BLOODGOOD J M. Organizational routine breach response and knowledge management [J]. Business Process Management Journal, 2012, 18 (3): 376-399.

[34] BLYLER M, COFF R W. Dynamic capabilities, social capital, and rent appropriation: Ties that split pies [J]. Strategic Management Journal, 2003, 24 (7): 677-686.

[35] BOLINO M C, TURNLEY W H, BLOODGOOD J M. Citizenship behaviour and the creation of social capital in organization [J]. Academy of Management Review, 2002, 27 (4): 505-522.

[36] BOURDIEU P. The forms of capital [M] //RICHARDSON J G. Handbook of theory and research for the sociology of education. New York: Greenwood, 1986.

[37] BRAUER M, LAAMANEN T J J M S. Workforce downsizing and firm performance: An organizational routine perspective [J]. Journal of Management Studies, 2014, 51 (8): 1311-1333.

[38] BRESMAN H. Changing routines: A process model of vicarious group learning in pharmaceutical R&D [J]. Academy of Management Journal, 2013, 56 (1): 35-61.

[39] BROCKMAN B K, MORGAN R M. The role of existing knowledge in new product innovativeness and performance [J]. Decision Sciences, 2003, 34 (2):

385-419.

[40] BRUNI D S, VERONA G. Dynamic marketing capabilities in science-based firms: An exploratory investigation of the pharmaceutical industry [J]. British Journal of Management, 2009, 20 (s1): 101-117.

[41] BUCKLEY P T, CARTER, M J. A formal analysis of knowledge combination in multinational enterprises [J]. Journal of International Business Studies, 2004, 35 (5): 371-384.

[42] BURGERS J H, VAN DEN BOSCH F A J, VOLBERDA H W. Why new business development projects fail: Coping with the differences of technological versus market knowledge [J]. Long Range Planning, 2008, 41 (1): 55-73.

[43] BURT R S. Structural holes: The social structure of competition [M]. Cambridge, MA: Harvard University Press, 1992.

[44] CACCIATORI E. Resolving conflict in problem-solving: Systems of artifacts in the development of new routines [J]. Journal of Management Studies, 2012, 49 (8): 1559-1585.

[45] CAIAZZA R, RICHARDSON A, AUDRETSCH D. Knowledge effects on competitiveness: From firms to regional advantage [J]. Journal of Technology Transfer, 2015, 40 (6): 899-909.

[46] CALOGHIROU Y, KASTELLI I, TSAKANIKAS A. Internal capabilities and external knowledge sources: Complements or substitutes for innovative performance? [J]. Technovation, 2004, 24 (1): 29-39.

[47] CAMISÓN C, FORÉS B. Knowledge absorptive capacity: New insights for its conceptualization and measurement [J]. Journal of Business Research, 2010, 63 (7): 707-715.

[48] CANNATELLI B, SMITH B, GIUDICI A, JONES J, CONGER M. An expanded model of distributed leadership in organizational knowledge creation [J]. Long Range Planning, 2017, 50 (5): 582-602.

[49] CANONICO P, DE NITO E, MANGIA G. Control mechanisms and knowledge integration in exploitative project teams: A case study from the coal fired power

plant industry [J]. Journal of Knowledge Management, 2012, 16 (4): 538-549.

[50] CANONICO P, DE NITO E, ESPOSITO V, IACONO M P, CONSIGLIO S. Knowledge creation in the automotive industry: Analysing obeya-oriented practices using the SECI model [J]. Journal of Business Research, 2020, 112 (8): 450-457.

[51] CARAYANNIS E G, GRIGOROUDIS E, GIUDICE M D, DELLA PERUTA M R, SINDAKIS S. An exploration of contemporary organizational artifacts and routines in a sustainable excellence context [J]. Journal of Knowledge Management, 2017, 21 (1): 35-56.

[52] CAREY S, LAWSON B, KRAUSE D R. Social capital configuration, legal bonds and performance in buyer-supplier relationships [J]. Journal of Operations Management, 2011, 29 (4): 277-288.

[53] CARRILLO F J, WEBB C. Measuring social capital and knowledge networks [J]. Journal of Knowledge Management, 2008, 12 (5): 65-78.

[54] CARMELI A, AZEROUAL B. How relational capital and knowledge combination capability enhance the performance of work units in a high technology industry [J]. Strategic Entrepreneurship Journal, 2009, 3 (1): 85-103.

[55] CASTRO I, ROLDÁN J L. A mediation model between dimensions of social capital [J]. International Business Review, 2013, 22 (6): 1034-1050.

[56] CAUWELIER P, RIBIERE V M, BENNET A. The influence of team psychological safety on team knowledge creation: A study with French and American engineering teams [J]. Journal of Knowledge Management, 2019, 23 (6): 1157-1175.

[57] CEPEDA G, VERA D. Dynamic capabilities and operational capabilities: A knowledge management perspective [J]. Journal of Business Research, 2007, 60 (5): 426-437.

[58] CHANDRASEKARAN A, LINDERMAN K. Managing knowledge creation in high-tech R&D projects: A multimethod study [J]. Decision Sciences, 2015, 46 (2): 267-300.

[59] CHEN J, OUYANG T, PAN S. The role of feedback in changing organizational routine: A case study of Haier, China [J]. International Journal of Information

Management, 2013, 33 (6): 971-974.

[60] CHIEN S Y, TSAI C H. Dynamic capability, knowledge, learning, and firm performance [J]. Journal of Organizational Change Management, 2012, 25 (3): 434-444.

[61] CHRISTOPHER J C, KEN G S. Knowledge exchange and combination: The role of human resource practices in the performance of high-technology firms [J]. Academy of Management Journal, 2006, 49 (3): 544-560.

[62] CHIUA W, CHIB H, CHANG, Y, CHEN M. Dynamic capabilities and radical innovation performance in established firms: A structural model [J]. Technology Analysis & Strategic Management, 2016, 28 (8): 965-978.

[63] CHOW W S, CHAN L S. Social network, social trust and shared goals in organizational knowledge sharing [J]. Information & Management, 2008, 45 (7): 458-465.

[64] CIABUSCHI F, HOLM U, MARTÍN O. Dual embeddedness, influence and performance of innovating subsidiaries in the multinational corporation [J]. International Business Review, 2014, 23 (5): 897-909.

[65] COHENDET P, STEINMUELLER W E. The codification of knowledge: A conceptual and empirical exploration [J]. Industrial & Corporate Change, 2000, 9 (2): 195-209.

[66] COHEN M D. Perceiving and remembering routine action: Fundamental micro-level origins [J]. Journal of Management Studies, 2012, 49 (8): 1383-1388.

[67] COLEMAN J S. Social capital in the creation of human capital [J]. American Journal of Sociology, 1988, 94 (S1): 95-S120.

[68] COLLINS C J, SMITH K G. Knowledge exchange and combination: The role of human resource practices in the performance of high-technology firms [J]. Academy of Management Journal, 2006, 49 (3): 544-560.

[69] CUMMINGS S, SEFERIADIS A A, MAAS J, BUNDERS J F G, ZWEEKHORST M B M. Knowledge, social capital, and grassroots development: Insights from rural Bangladesh [J]. The Journal of Development Studies, 2019, 55

(2): 161–176.

[70] CYERT R M, MARCH, J G. A behavioral theory of the firm [M]. Cambridge: Blackwell Business, 1992.

[71] D' ADDERIO L. The replication dilemma unravelled: How organizations enact multiple goals in routine transfer [J]. Organization Science, 2014, 25 (5): 1325–1350.

[72] DANNEELS E. Organizational antecedents of second – order competences [J]. Strategic Management Journal, 2008, 29 (5): 519–543.

[73] DE CLERCQ D, DIMOV D, THONGPAPANL N. Organizational social capital, formalization, and internal knowledge sharing in entrepreneurial orientation formation [J]. Entrepreneurship Theory and Practice, 2013, 37 (3): 505–537.

[74] DE LUCA L, ATUAHENE – GIMA K. Market knowledge dimensions and cross–functional collaboration: Examining the different routes to product innovation performance [J]. Journal of Marketing, 2007, 71 (1): 95–112.

[75] DENFORD J S. Building knowledge: Developing a knowledge – based dynamic capabilities typology [J]. Journal of Knowledge Management, 2013, 17 (2): 175–194.

[76] DEW N, VELAMURI S R, VENKATARAMAN S. Dispersed knowledge and an entrepreneurial theory of the firm [J]. Journal of Business Venturing, 2004, 19 (5): 659–679.

[77] DITTRICH K, SEIDL D. Emerging intentionality in routine dynamics: A pragmatist view [J]. Academy of Management Journal, 2018, 61 (1): 111–138.

[78] DOTY D H, GLICK W H. Common methods bias: Does common methods variance really bias results? [J]. Organizational Research Methods, 1998, 1 (4): 374–406.

[79] DRNEVICH P L, KRIAUCIUNAS A P. Clarifying the conditions and limits of the contributions of ordinary and dynamic capabilities to relative firm performance [J]. Strategic Management Journal, 2011, 32 (3): 254–279.

[80] EISENHARDT K M, MARTIN M. Dynamic capabilities: What are they?

[J]. Strategic Management Journal, 2000, 21 (10): 1105-1121.

[81] ELLONEN H K, WIKSTRÖM P, JANTUNEN A. Linking dynamic-capability portfolios and innovation outcomes [J]. Technovation, 2009, 29 (11): 753-762.

[82] ELYAS G M, ANSARI M, MAFI V. Impact of social capital on the identification and exploitation of entrepreneurial opportunities [J]. International Review, 2012, 3/4: 5-18.

[83] EXPOSITO M, MOLINA F X, TOMÁS J V. How shared vision moderates the effects of absorptive capacity and networking on clustered firms' innovation [J]. Scandinavian Journal of Management, 2015, 31 (3): 293-302.

[84] FAINSHMIDT S, PEZESHKAN A, FRAZIER M L, NAIR A, MARKOWSKI E. Dynamic capabilities and organizational performance: A meta-analytic evaluation and extension [J]. Journal of Management Studies, 2016, 53 (8): 1348-1380.

[85] FAINSHMIDT S, FRAZIER M L. What facilitates dynamic capabilities? The role of organizational climate for trust [J]. Long Range Plan, 2019, 50 (5): 550-566.

[86] FELSMAN M S, RAFAELI A. Organizational routines as sources of connections and understandings [J]. Journal of Management Studies, 2002, 39 (3): 309-331.

[87] FELDMAN M S, PENTLAND B T. Re-conceptualizing organizational routines as a source of flexibility and change [J]. Administrative Science Quarterly, 2003, 48 (1): 94-118.

[88] FELDMAN M S. A performative perspective on stability and change in organizational routines [J]. Industrial and Corporate Change, 2003, 12 (4): 727-752.

[89] FELDMAN M, PENTLAND B, D' ADDERIO L, LAZARIC N. Beyond routines as things: Introduction to the special issue on routine dynamics [J]. Organization Science, 2016, 27 (3): 505-513.

[90] FELIN T, FOSS N J, HEIMERIKS K H, MADSEN T L. Micro-foundations of routines and capabilities: Individuals, processes, and structure [J]. Journal

of Management Studies, 2012, 49 (8): 1351-1374.

[91] FILIERI R, ALGUEZAUI S. Structural social capital and innovation. Is knowledge transfer the missing link? [J]. Journal of Knowledge Management, 2014, 18 (4): 728-757.

[92] FILIERI R, MC NALLY R C, O' DWYER M, O' MALLEY L. Structural social capital evolution and knowledge transfer: Evidence from an Irish pharmaceutical network [J]. Industrial Marketing Management, 2014, 43 (3): 429-440.

[93] FRIESL M, LARTY J. Replication of routines in organizations: Existing literature and new perspectives [J]. International Journal of Management Reviews, 2013, 15 (1): 106-122.

[94] FUKUYAMA F. Trust: Social virtues and the creation of prosperity [M]. London: Hamish Hamilton, 1995.

[95] GAMBARDELLA A. A hegelian dialogue on the micro-foundations of organizational routines and capabilities [J]. European Management Review, 2012, 9 (4): 173-197.

[96] GANGULY A, TALUKDAR A, CHATTERJEE D. Evaluating the role of social capital, tacit knowledge sharing, knowledge quality and reciprocity in determining innovation capability of an organization [J]. Journal of Knowledge Management, 2019, 23 (6): 1105-1135.

[97] GARCÍA-VILLAVERDE P M, RODRIGO-ALARCON J, RUIZ-ORTEGA M J, PARRA-REQUENA G. The role of knowledge absorptive capacity on the relationship between cognitive social capital and entrepreneurial orientation [J]. Journal of Knowledge Management, 2018, 22 (5): 1015-1036.

[98] GENESTE L, GALVIN P. Trust and knowledge acquisition by small and medium-sized firms in weak client-firm exchange relationships [J]. International Small Business Journal, 2015, 33 (3): 277-298.

[99] GERSICK C G, HACKMAN J R. Habitual routines in task-performing groups [J]. Organizational Behavior and Human Decision Processes, 1990, 47 (2): 65-97.

[100] GIANMARIO V, DAVIDE R. Unbundling dynamic capabilities: An exploratory study of continuous product innovation [J]. Industrial and Corporate Change, 2003, 12 (3): 577-606.

[101] GIOVANNI D, MARCO F, LUIGI M. Organizational capabilities, patterns of knowledge accumulation and governance structures in business firms: An introduction [J]. Organization Studies, 2008, 29 (8-9): 1165-1185.

[102] GOODERHAM P, MINBAEVA D B, PEDERSEN T. Governance mechanisms for the promotion of social capital for knowledge transfer in multinational corporations [J]. Journal of Management Studies, 2011, 48 (1): 123-150.

[103] GOSWAMI A K, AGRAWAL R K. Explicating the influence of shared goals and hope on knowledge sharing and knowledge creation in an emerging economic context [J]. Journal of Knowledge Management, 2020, 24 (2): 172-195.

[104] GRANT R M. Toward a knowledge-based theory of the firm [J]. Strategic Management Journal, 1996, 17 (S2): 109-122.

[105] GRANOVETTER M S. The strength of weak ties [J]. American Journal of Sociology, 1973, 78: 1360-1380.

[106] GRIFFITH D A, NOBLE S, CHEN Q. The performance implications of entrepreneurial proclivity: A dynamic capabilities approach [J]. Journal of Retailing, 2006, 82 (1): 51-62.

[107] GUPTA A, HOOPES D G, KNOTT A M. Redesigning routines for replication [J]. Strategic Management Journal, 2015, 36 (6): 851-871.

[108] HAIR J F, BLACK B, BABIN B J. Multivariate data analysis [M]. Beijing: China Machine Press, 2011.

[109] HAUTZ J, MAYER M, STADLER C. Macro-competitive context and diversification: The impact of macroeconomic growth and foreign competition [J]. Long Range Planning, 2014, 47 (6): 337-352.

[110] HAYES A F, SCHARKOW M. The relative trustworthiness of inferential tests of the indirect effect in statistical mediation analysis: Does method really matter? [J]. Psychological Science, 2013, 24 (10): 1918-1927.

[111] HELFAT C E, PETERAF M A. The dynamic resource-based view: Capability lifecycles [J]. Strategic Management Journal, 2003, 24 (10): 997-1010.

[112] HELFAT C E, RAUBITSCHEK R S. Dynamic and integrative capabilities for profiting from innovation in digital platform-based ecosystems [J]. Research Policy, 2018, 47 (8): 1391-1399.

[113] HEIMERIKS K H, SCHIJVEN M, GATES S. Manifestations of higher-order routines: The underlying mechanisms of deliberate learning in the context of post-acquisition integration [J]. Academy of Management Journal, 2012, 55 (3): 703-726.

[114] HENISE W J, MACHER J T. Firm-and country-level trade-offs and contingencies in the evaluation of foreign investment: The semiconductor industry, 1994-2002 [J]. Organization Science, 2004, 15 (5): 537-554.

[115] HILLIARD R, GOLDSTEIN D. Identifying and measuring dynamic capability using search routines [J]. Strategic Organization, 2019, 17 (2): 210-240.

[116] HODGSON G M, KNUDSEN T. The firm as an interactor: Firms as vehicles for habits and routines [J]. Journal of Evolutionary Economics, 2004, 14 (3): 281-307.

[117] HOFFMAN J, HOELSCHE M, SHERIF K. Social capital, knowledge management, and sustained superior performance [J]. Journal of Knowledge Management, 2005, 9 (3): 93-100.

[118] HONG J, LEE O K, SUH W. Creating knowledge within a team: A socio-technical interaction perspective [J]. Knowledge Management Research & Practice, 2017, 15 (1): 23-33.

[119] HOOFF B V D, HUYSMAN M. Managing knowledge sharing: Emergent and engineering approaches [J]. Information & Management, 2009, 46 (1): 1-8.

[120] HOLSAPPLE C, JONES K, LEONARD L. Knowledge acquisition and its impact on competitiveness [J]. Knowledge and Process Management, 2015, 22 (3): 157-166.

[121] HUGHES M, MORGAN R E, IRELAND R D, HUGHES P. Social cap-

ital and learning advantages: A problem of absorptive capacity [J]. Strategic Entrepreneurship Journal, 2014, 8 (3): 214-233.

[122] ILMUDEEN A, BAO Y, ALHARBI I M, ZUBAIR N. Revisiting dynamic capability for organizations' innovation types: Does it matter for organizational performance in China? [J]. European Journal of Innovation Management, 2021, 24 (2): 507-532.

[123] INKPEN A C, TSANG E W K. Social capital, networks, and knowledge transfer [J]. Academy of Management Review, 2005, 30 (1): 146-165.

[124] INKPEN A C, TSANG E W. Reflections on the 2015 decade award—social capital, networks, and knowledge transfer: An emergent stream of research [J]. Academy of Management Review, 2016, 41 (4): 573-588.

[125] JAKUBIK M. Experiencing collaborative knowledge creation processes [J]. The Learning Organization, 2008, 15 (1): 5-25.

[126] JACOB B. Exploring knowledge creation processes as a source of organizational learning: A longitudinal case study of a public innovation project [J]. Scandinavian Journal of Management, 2017, 33 (2): 113-127.

[127] JENSEN R, SZULANSKI G. Stickiness and the adaptation of organizational practices in cross-border knowledge transfer [J]. Journal of International Business Studies, 2004, 35 (6): 508-523.

[128] JIANG F, WANG G, JIANG X. Entrepreneurial orientation and organizational knowledge creation: A configurational approach [J]. Asia Pacific Journal of Management, 2019, 36 (4): 1193-1219.

[129] JIMÉNEZ-JIMÉNEZ D, MARTÍNEZ-COSTA M, SANZ-VALLE R. Knowledge management practices for innovation: A multinational corporation's perspective [J]. Journal of Knowledge Management, 2014, 18 (5): 905-918.

[130] JOHNSON J L, DOOLEY K J, HYATT D G, HUTSON A M. Cross-sector relations in global supply chains: A social capital perspective [J]. Journal of Supply Chain Management, 2018, 54 (2): 21-33.

[131] KABA A, RAMAIAH C K. Demographic differences in using knowledge

creation tools among faculty members [J]. Journal of Knowledge Management, 2017, 21 (4): 857-871.

[132] KANNADHASAN M, CHARAN P, SINGH P, SIVASANKARAN N. Relationships among social capital, self-efficacy, and new venture creations [J]. Management Decision, 2018, 56 (1): 204-218.

[133] KAO S, WU C. The role of creation mode and social networking mode in knowledge creation performance: Mediation effect of creation process [J]. Information & Management, 2016, 53 (6): 803-816.

[134] KHEDHAOURIA A, JAMAL A. Sourcing knowledge for innovation: Knowledge reuse and creation in project teams [J]. Journal of Knowledge Management, 2015, 19 (5): 932-948.

[135] KINDSTRÖM D, KOWLKOWSKI C, SANDBERG E. Enabling service innovation: A dynamic capabilities approach [J]. Journal of Business Research, 2013, 66 (8): 1063-1073.

[136] KING A A, TUCCI C L. The role of experience and managerial choice in the creation of dynamic capabilities [J]. Management Science, 2002, 48 (2): 171-186.

[137] KLEINBAUM A M, STUART T E. Network responsiveness: The social structural microfoundations of dynamic capabilities [J]. Academy of Management Perspectives, 2014, 28 (4): 353-367.

[138] KOCH A. Firm-internal knowledge integration and the effects on innovation [J]. Journal of Knowledge Management, 2011, 15 (6): 984-996.

[139] KOGUT B, ZANDER U. Knowledge of the firm and the evolutionary theory of the multinational corporation [J]. Journal of International Business Studies, 2003, 34 (6): 516-529.

[140] KOR Y Y, MAHONEY J T. How dynamics, management, and governance of resource deployments influence firm-level performance [J]. Strategic Management Journal, 2005, 26 (5): 489-496.

[141] KOR Y Y, MESKO A. Dynamic managerial capabilities: Configuration

and orchestration of top executives' capabilities and the firm's dominant logic [J]. Strategic Management Journal, 2013, 34 (2): 233-244.

[142] KRAAIJENBRINK J, SPENDER J C, AARD J G. The resource-based view: A review and assessment of its critiques [J]. Journal of Management, 2010, 36 (1): 349-372.

[143] KRAUSE D, HANDFIELD R, TYLER B. The relationships between supplier development, commitment, social capital accumulation and performance improvement [J]. Journal of Operations Management, 2007, 25 (2): 528-545.

[144] LANG C J. Social context and social capital as enablers of knowledge integration [J]. Journal of Knowledge Management, 2004, 8 (3): 89-105.

[145] LAMPEL J, SHAMSIE J. Capabilities in motion: New organizational forms and the reshaping of the Hollywood movie industry [J]. Journal of Management Studies, 2003, 40 (8): 2189-2210.

[146] LAWSON B, SAMSON D. Developing innovation capability in organisations: A dynamic capabilities approach [J]. International Journal of Innovation Management, 2001, 5 (3): 377-400.

[147] LEE P, LI C, WU M. The roles of cross-cultural adjustment and social capital formation in the dynamic capabilities development of multiunit organizations [J]. Asia Pacific Management Review, 2018, 23 (1): 20-29.

[148] LEVITT B, MARCH J G. Organizational learning [J]. Annual Review of Sociology, 1988, 14: 319-340.

[149] LI D, LIU J. Dynamic capabilities, environmental dynamism, and competitive advantage: Evidence from China [J]. Journal of Business Research, 2014, 67 (1): 2793-2799.

[150] LI S, MODI P, WU M S, CHEN C H, NGUYEN B. Conceptualising and validating the social capital construct in consumer-initiated online brand communities (COBCs) [J]. Technological Forecasting & Social Change, 2019, 139: 303-310.

[151] LI Y H, HUANG J W, TSAI M T. Entrepreneurial orientation and firm

performance: The role of knowledge creation process [J]. Industrial Marketing Management, 2009, 38 (4): 440-449.

[152] LIAO J, KICKUL J R, MA H. Organizational dynamic capability and innovation: An empirical examination of internet firms [J]. Journal of Small Business Management, 2009, 47 (3): 263-286.

[153] LIAO Y C, PHAN P H. Internal capabilities, external structural holes network positions, and knowledge creation [J]. Journal of Technology Transfer, 2016, 41 (5): 1148-1167.

[154] LIN H, CHEN M, SU J. How management innovations are successfully implemented? An organizational routines' perspective [J]. Journal of Organizational Change Management, 2017, 30 (4): 456-486.

[155] LIN H, SU J, HIGGINS A. How dynamic capabilities affect adoption of management innovations [J]. Journal of Business Research, 2016, 69 (2): 862-876.

[156] LIN N, COOK K, BURT R S. Social capital: Theory and research [M]. Cambridge, MA: Cambridge University Press, 2001.

[157] LIU T, LO S, DAI C. Expanding the two wings of social capital for value creation [J]. Technology Analysis & Strategic Management, 2018, 30 (5): 512-523.

[158] LIU Y, RAFOLS I, ROUSSEAU R. A framework for knowledge integration and diffusion [J]. Journal of Documentation, 2012, 68 (1): 31-44.

[159] LLORIA M B, PERIS-ORTIZ M. Knowledge creation. The ongoing search for strategic renewal [J]. Industrial Management & Data Systems, 2014, 11 (7): 1022-1035.

[160] LUCY F B, BRIAN H. Microfoundations of dynamic capabilities for innovation: A review and research agenda [J]. Irish Journal of Management, 2017, 36 (1): 21-31.

[161] MACHER J T, MOWERY D C. Vertical specialization and industry structure in high technology industries [J] . Business Strategy over the Industry Lifecycle,

2004 (21): 317-355.

[162] MAJCHRZAK A, COOPER L P, NEECE O E. Knowledge reuse for innovation [J]. Management Science, 2004, 50 (2): 174-188.

[163] MAKKONENA H, POHJOLA M, OLKKONENA R, KOPONEN A. Dynamic capabilities and firm performance in a financial crisis [J]. Journal of Business Research, 2014, 67 (1): 2707-2719.

[164] MARIAN G M, FERDAOUS Z, MERCEDES S G. Casting a wide net for innovation: Mediating effect of R&D human and social capital to unlock the value from alliance portfolio diversity [J]. British Journal of Management, 2019, 30 (4): 769-790.

[165] MARSH S J, STOCK G N. Creating dynamic capability: The role of intertemporal integration, knowledge retention, and interpretation [J]. Journal of Product Innovation Management, 2006, 23 (5): 422-436.

[166] MARTÍNEZ-CAÑAS R, SÁEZ-MARTÍNEZ F J, RUIZ-PALOMINO P. Knowledge acquisition's mediation of social capital-firm innovation [J]. Journal of Knowledge Management, 2012, 16 (1): 61-76.

[167] MARUO P I, MARCELLO M, GIANLUIGI M, CATERINA G. Knowledge creation and inter-organizational relationships: The development of innovation in the railway industry [J]. Journal of Knowledge Management, 2012, 16 (4): 604-616.

[168] MASSINI S, LEWIN A Y, GREVE H R. Innovators and imitators: Organizational reference groups and adoption of organizational routines [J]. Research Policy, 2005, 34 (10): 1550-1569.

[169] MATUSIK S, HEELEY M. Absorptive capacity in the software industry: Identifying dimensions that affect knowledge and knowledge creation activities [J]. Journal of Management, 2005, 31 (4): 549-572.

[170] MC ELROY M W, JORNA R J, VAN ENGELEN J. Rethinking social capital theory: A knowledge management perspective [J]. Journal of Knowledge Management, 2006, 10 (5): 124-136.

[171] MC EVILY S K, CHAKRAVARTHY B. The persistence of knowledge-based advantage: An empirical test for product performance and technological knowledge [J]. Strategic Management Journal, 2002, 23 (4): 285-305.

[172] MC FADYEN M A, CANNELLA J A A. Social capital and knowledge creation: Diminishing returns of the number and strength of exchange [J]. Academy of Management Journal, 2004, 47 (5): 735-746.

[173] MC KELVIE A, DAVIDSSON P. From resource base to dynamic capabilities: An investigation of new firms [J]. British Journal of Management, 2009, 20 (1): 63-80.

[174] MEHRALIAN G, NAZARI J A, GHASEMZADEH P. The effects of knowledge creation process on organizational performance using the BSC approach: The mediating role of intellectual capital [J]. Journal of Knowledge Management, 2018, 22 (4): 802-823.

[175] MICHAILOVA S, ZHAN W. Dynamic capabilities and innovation in MNC subsidiaries [J]. Journal of World Business, 2015, 50 (3): 576-583.

[176] MILOSEVIC I, BASS A, COMBS G. The paradox of knowledge creation in a high-reliability organization: A case study [J]. Journal of Management, 2018, 44 (3): 1174-1201.

[177] MONTEIRO A P, SOARES A M, RUA O L. Linking intangible resources and export performance: The role of entrepreneurial orientation and dynamic capabilities [J]. Baltic Journal of Management, 2017, 12 (3): 329-347.

[178] MUDALIGE D, ISMAIL N A, MALEK M A. Exploring the role of individual level and firm level dynamic capabilities in SMEs' internationalization [J]. Journal of International Entrepreneurship, 2019 (17): 41-74.

[179] MURA M, LETTIERRI E, RADAELLI G, SPILLER N. Promoting professionals' innovative behaviour through knowledge sharing: The moderating role of social capital [J]. Journal of Knowledge Management, 2013, 17 (4): 527-544.

[180] MUTHUVELOO R, SHANMUGAM N, TEOH A. The impact of tacit knowledge management on organizational performance: Evidence from Malaysia [J].

Asia Pacific Management Review, 2017, 22 (4): 192-201.

[181] NAHAPIET J, GHOSHAL S. Social capital, intellectual capital, and the organizational advantage [J]. Academy of Management Review, 1998, 23 (2): 242-266.

[182] NELSON R R, WINTER S G. An evolutionary theory of economic change [M]. Cambridge: Harvard University Press, 1982.

[183] NIGAM A, HUISING R, GOLDEN B. Explaining the selection of routines for change during organizational search [J]. Administrative Science Quarterly, 2016, 61 (4): 551-583.

[184] NONAKA I, TOYAMA R, KONNO N. SECI, Ba and leadership: A unified model of dynamic knowledge creation [J]. Long Range Planning, 2000, 33 (1): 5-34.

[185] NONAKA I, VON KROGH G, VOELPEL S. Organizational knowledge creation theory: Evolutionary paths and future advances [J]. Organization Studies, 2006, 27 (8): 1179-1219.

[186] ORTIZ B, DONATE M J, GUADAMILLA F. Inter-organizational social capital as an antecedent of a firm's knowledge identification capability and external knowledge acquisition [J]. Journal of Knowledge Management, 2018, 22 (6): 1332-1357.

[187] PAO H, WU H, LEE C. Project interface choice and knowledge creation: Evidence of international science cooperation in Taiwan [J]. Technovation, 2020, 89: 1-12.

[188] PASAMAR S, LOPEZ-CABRALES A, VALLE-CABRALES R. Ambidexterity and intellectual capital architectures for developing dynamic capabilities: Towards a research agenda [J]. European Journal of International Management, 2015, 9 (1): 74-87.

[189] PAVLOU P A, EL SAWY O A. Understanding the elusive black box of dynamic capabilities [J]. Decision Sciences, 2011, 42 (1): 239-273.

[190] PENTLAND B T, HREM T, HILLISON D. The (n) ever-changing

world: Stability and Change in Organizational routines [J] . Organization Science, 2011, 22 (6): 1369-1383.

[191] PENTLAND B T, RUETER H H. Organizational routines as grammars of action [J]. Administrative Science Quarterly, 1994, 39 (3): 484-510.

[192] PENTLAND B T, FELDMAN M S. Organizational routines as a unit of analysis [J]. Industrial and Corporate Change, 2005, 14 (5): 793-815.

[193] PENTLAND B T, HAREM T, HILLISON D. Comparing organizational routines as recurrent patterns of action [J]. Organization Studies, 2010, 31 (7): 917-940.

[194] PENTLAND B T, FELDMAN M S, BECKER M C, LIU P. Dynamics of organizational routines: A generative model [J]. Journal of Management Studies, 2012, 49 (8): 1484-1508.

[195] PENROSE E. The Theory of the growth of the firm [J]. Journal of the Operational Research Society, 2015, 2 (3): 192-193.

[196] PETERAF M, DI STEFANO G, VERONA G. The elephant in the room of dynamic capabilities: Bringing two diverging conversations together [J]. Strategic Management Journal, 2013, 34 (12): 1389-1410.

[197] PELLEGRINI M M, CAPUTO A, LEE M. Knowledge transfer within relationship portfolios: The creation of knowledge recombination rents [J]. Business Process Management Journal, 2019, 25 (1): 202-218.

[198] PODSAKOFF P M, MACKENZIE S B, LEE J Y, PODSAKOFF N P. Common method biases in behavioral research: A critical review of the literature and recommended remedies [J]. Journal of Applied Psychology, 2003, 88 (5): 879-903.

[199] POPADIUK S, CHOO C W. Innovation and knowledge creation: How are these concepts related? [J]. International Journal of Information Management, 2006, 26 (4): 302-312.

[200] PORTES A. The economic sociology for immigration: Essays on networks, ethnicity and ethnicity and entrepreneurship [M]. New York: Russell Sage Foundation, 1995.

[201] PRANGE C, VERDIER S. Dynamic capabilities, internationalization processes and performance [J]. Journal of World Business, 2011, 46 (1): 126–133.

[202] PREACHER K J, HAYES A F. Asymptotic and resampling strategies for assessing and comparing indirect effects in multiple mediator models [J]. Behavior Research Methods, 2008, 40 (3): 879–891.

[203] PRIETO I M, REVILLA E, RODRÍGUEZ – PRADO B. Managing the knowledge paradox in product development [J]. Journal of Knowledge Management, 2009, 13 (3): 157–170.

[204] PRIETO–PASTOR I, MARTÍN–PÉREZ V, MARTÍN–CRUZ N. Social capital, knowledge integration and learning in project–based organizations: A CEO–based study [J]. Journal of Knowledge Management, 2018, 22 (8): 1803–1825.

[205] PROTOGEROU A, CALOGHIROU Y, LIOUKAS S. Dynamic capabilities and their indirect impact on firm performance [J]. Industrial and Corporate Change, 2012, 21 (3): 615–647.

[206] PUTNAM R D. Bowling alone: America's declining social capital [J]. Journal of Democracy, 1995, 6 (1): 65–78.

[207] REVILLA E, KNOPPEN D. Building knowledge integration in buyer–supplier relationships: The critical role of strategic supply management and trust [J]. International Journal of Operations & Production Management, 2015, 35 (10): 1408–1436.

[208] RANUCCI R A, SOUDER D. Facilitating tacit knowledge transfer: Routine compatibility, trustworthiness, and integration in M&As [J]. Journal of Knowledge Management, 2015, 19 (2): 257–276.

[209] RERUP C, FELDMAN M S. Routines as a source of change in organizational schemata: The role of trial–and–error learning [J]. Academy of Management Journal, 2011, 54 (3): 577–610.

[210] RINGOV D. Dynamic capabilities and firm performance [J]. Long Range Planning, 2017, 50 (5): 653–664.

[211] RINDOVA V P, KOTHA S. Continuous "morphing": Competing through

dynamic capabilities, form, and function [J]. Academy of Management Journal, 2001, 44 (6): 1263-1280.

[212] RITALA P. Coopetition strategy: When is it successful? Empirical evidence innovation and market performance [J]. British Journal of Management, 2012, 23 (3): 307-324.

[213] ROBERT L P, DENNIS A R, AHUJA M K. Social capital and knowledge integration in digitally enabled teams [J]. Information Systems Research, 2008, 19 (3): 314-334.

[214] RONALD M, ANDREAS S. Explaining organizational knowledge creation with a knowledge maturing model [J]. Knowledge Management Research & Practice, 2015, 13 (4): 361-381.

[215] ROMME A G L, MAURIZIO Z, PETER B. Dynamic capabilities, deliberate learning and environmental dynamism: A simulation model [J]. Industrial and Corporate Change, 2010, 19 (4): 1271-1299.

[216] RTNGOV D. Dynamic capabilities and firm performance [J]. Long Range Planning, 2017, 50 (5): 653-664.

[217] RYNES S L, BARTNEK J M, DAFT R L. Across the great divide: Knowledge creation and transfer between practitioners and academics [J]. Academy of Management Journal, 2001, 44 (2): 340-355.

[218] SCHREYÖGG G, KLIESCH-EBERL M. How dynamic can organizational capabilities be? Towards a dual-process model of capability dynamization [J]. Strategic Management Journal, 2007, 28 (9): 913-933.

[219] SALVATO C, RERUP C. Beyond collective entities: Multilevel research on organizational routines and capabilities [J]. Journal of Management, 2011, 37 (2): 468-490.

[220] SALVATO C, RERUP C. Routine regulation: Balancing conflicting goals in organizational routines [J]. Administrative Science Quarterly, 2018, 63 (1): 1-67.

[221] SANZO M J, SANTOS M L, GARCÍA N, TRESPALACIOS J A. Trust as

a moderator of the relationship between organizational learning and marketing capabilities: Evidence from Spanish SMEs [J]. International Small Business Journal, 2012, 30 (6): 700-726.

[222] SANTOS F M, EISENHARDT K M. Constructing markets and shaping boundaries: Entrepreneurial power in nascent fields [J]. Academy of Management Journal, 2009, 52 (4): 643-671.

[223] SCHARMER C O. Self-transcending knowledge: Sensing and organizing around emerging opportunities [J]. Journal of Knowledge Management, 2001, 5 (2): 137-150.

[224] SCHILLING M A. Understanding the alliance data [J]. Strategic Management Journal, 2009, 30 (3): 233-260.

[225] SCHILKE O, HU S, HELFAT C E. Quo vadis, dynamic capabilities? A content-analytic review of the current state of knowledge and recommendations for future research [J]. Academy of Management Annals, 2018, 12 (1): 390-439.

[226] SCHULZE A, HOEGL M. Knowledge creation in new product development projects [J]. Journal of Management, 2006, 32 (2): 210-236.

[227] SCHULZE A, HOEGL M. Organizational knowledge creation and the generation of new product ideas: A behavioral approach [J]. Research Policy, 2008, 37 (10): 1742-1750.

[228] SCHMID S, SCHURIG A. The development of critical capabilities in foreign subsidiaries: Disentangling the role of the subsidiary's business network [J]. International Business Review, 2003, 12 (6): 755-782.

[229] SEGARRA-CIPRéS M, ROCA-PUIG V, BOU-LLUSAR J C. External knowledge acquisition and innovation output: An analysis of the moderating effect of internal knowledge transfer [J]. Knowledge Management Research & Practice, 2014, 12 (2): 203-214.

[230] SHARMA R S, SAMUEL E M, EKUNDAYO M, ELAINE W J. Beyond the digital divide: Policy analysis for knowledge societies [J]. Journal of Knowledge Management, 2009, 13 (5): 373-386.

[231] SHU C, PAGE A L, GAO S, JIANG X. Managerial ties and firm innovation: Is knowledge creation a missing link? [J]. Journal of Product Innovation Management, 2012, 29 (1): 125–143.

[232] SINGH R, CHARAN P, CHATTOPADHYAY M. Dynamic capabilities and responsiveness: Moderating effect of organization structures and environmental dynamism [J]. Decision, 2019, 46 (4): 301–319.

[233] SIMONIN B L. Ambiguity and the process of knowledge transfer in strategic alliances [J]. Strategic Management Journal, 1999, 20 (7): 595–623.

[234] SMITH K G, COLLINS C J, CLARK K D. Existing knowledge, knowledge creation capability, and the rate of new–product introduction in high–technology firms [J]. Academy of Management Journal, 2005, 48 (2): 346–357.

[235] SUORSA A R. Knowledge creation and play—A phenomenological approach [J]. Journal of Documentation, 2015, 71 (3): 503–525.

[236] STOJANOVIĆ–ALEKSIĆ V, NIELSEN J E, BOŠKOVIĆ A. Organizational prerequisites for knowledge creation and sharing: Empirical evidence from Serbia [J]. Journal of Knowledge Management, 2019, 23 (8): 1543–1565.

[237] STENE E. An approach to the science of administration [J]. American Political Science Review, 1940, 34 (6): 1124–1137.

[238] STEPHANIE M, MARIA R, CLAIRE L, MADELEINE O. A multidimensional scale for measuring online brand community social capital (OBCSC) [J]. Journal of Business Research, 2019, 100 (C): 234–244.

[239] SU C, LIN B, CHEN C. Knowledge co–creation across national boundaries: Trends and firms' strategies [J]. Knowledge Management Research & Practice, 2016, 14 (4): 457–469.

[240] SU Z, MIKE W P, XIE E. A Strategy tripod perspective on knowledge creation Capability [J]. British Journal of Management, 2016, 27: 58–76.

[241] SUSENO Y. Disruptive innovation and the creation of social capital in Indonesia's urban communities [J]. Asia Pacific Business Review, 2018, 24 (2): 174–195.

[242] SUSENO Y, PINNINGTON A H. The significance of human capital and social capital: Professional-client relationships in the Asia Pacific [J]. Asia Pacific Business Review, 2018, 24 (1): 72-89.

[243] SUNE A, GIBB J. Dynamic capabilities as patterns of organizational change [J]. Journal of Organizational Change Management, 2015, 28 (2): 213-231.

[244] SZULANSKI G, CAPPETTA R, JENSEN R J. When and how trustworthiness matters: Knowledge transfer and the moderating effect of causal ambiguity [J]. Organization Science, 2004, 15 (5): 600-613.

[245] TALLOTT M, HILLIARD R. Developing dynamic capabilities for learning and internationalization: A case study of diversification in an SME [J]. Baltic Journal of Management, 2016, 11 (3): 328-347.

[246] TEECE D J, PISANO G. The dynamic capabilities of firms: An introduction [J]. Industrial and Corporate Change, 1994, 3 (3): 537-556.

[247] TEECE D J, PISANO G, SHUEN A. Dynamic capabilities and strategic management [J]. Strategic Management Journal, 1997, 18 (7): 509-533.

[248] TEECE D J. Explicating dynamic capabilities: The nature and microfoundations of (sustainable) enterprise performance [J]. Strategic Management Journal, 2007, 28 (13): 1319-1350.

[249] TEECE D J. Dynamic capabilities: Routines versus entrepreneurial action [J]. Journal of Management Studies, 2012, 49 (8): 1395-1401.

[250] TEECE D J. A dynamic capabilities-based entrepreneurial theory of the multinational enterprise [J]. Journal of International Business Studies, 2014, 45 (1): 8-37.

[251] TIWANA A. Do bridging ties complement strong ties? An empirical examination of alliance ambidexterity [J]. Strategic Management Journal, 2008, 29 (3): 251-272.

[252] TOLSTOY D. Knowledge combination and knowledge creation in foreign-market network [J]. Journal of Small Business Management, 2009, 47 (2): 202-220.

[253] TSAI M T, LI Y. Knowledge creation process in new venture strategy and performance [J]. Journal of Business Research, 2007, 60 (4): 371-381.

[254] TSAI K H, LIAO Y C, HSU T T. Does the use of knowledge integration mechanisms enhance product innovativeness? [J]. Industrial Marketing Management, 2015, 46 (4): 214-223.

[255] TSAI W, GHOSHAL S. Social capital and value creation: The role of intrafirm networks [J]. Academy of Management Journal, 1998, 41 (4): 464-476.

[256] TSAI W. Knowledge transfer in intraorganizational networks: Effects of network position and absorptive capacity on business unit innovation and performance [J]. Academy of Management Journal, 2001, 44 (5): 996-1004.

[257] TSENG C Y, PAI D C. Knowledge search, spillover and creation capability in India's pharmaceutical industry [J]. Technology Analysis & Strategic Management, 2014, 26 (2): 207-222.

[258] TURNER S F, FERN M J. Examining the stability and variability of routine performances: The effects of experience and context change [J]. Journal of Management Studies, 2012, 49 (8): 1407-1434.

[259] TYWONIAK S. Knowledge in four deformation dimensions [J]. Organization, 2007, 14 (1): 53-76.

[260] VAN DIJK A, HENDRIKS P, ROMO-LEROUX I. Knowledge sharing and social capital in globally distributed execution [J]. Journal of Knowledge Management, 2016, 20 (2): 327-343.

[261] VON KROGH G, NONAKA I, RECHSTEINER L. Leadership in organizational knowledge creation: A review and framework [J]. Journal of Management Studies, 2012, 49 (1): 240-277.

[262] WANG C, AHMED P K. Dynamic capabilities: A review and research agenda [J]. International Journal of Management Reviews, 2007, 9 (1): 31-51.

[263] WANG E, KLEIN G, JIANG J. IT support in manufacturing firms for a knowledge management dynamic capability link to performance [J]. International Journal of Production Research, 2007, 45 (1): 2419-2434.

［264］ WANG D，SU Z，YANG D. Organizational culture and knowledge creation capability［J］. Journal of Knowledge Management，2011，15（3）：363-373.

［265］ WANG X，XI Y，XIE J，ZHAO Y. Organizational unlearning and knowledge transfer in cross-border M&A：The roles of routine and knowledge compatibility［J］. Journal of Knowledge Management，2017，21（6）：1580-1595.

［266］ WELTER F. All you need is trust？A critical review of the trust and entrepreneurship literature［J］. International Small Business Journal，2012，30（3）：193-212.

［267］ WENZEL M，DANNER-SCHRÖDR A，SPEE A P. Dynamic capabilities？Unleashing their dynamics through a practice perspective on organizational routines［J］. Journal of Management Inquiry，2021，30（4）：395-406.

［268］ WIERSEMA M F，NISHIMURA Y，SUZUKI K. Executive succession：The importance of social capital in CEO appointments［J］. Strategic Management Journal，2018，39（5）：1473-1495.

［269］ WILHELM H，SCHLÖMER M，MAURER I. How dynamic capabilities affect the effectiveness and efficiency of operating routines under high and low levels of environmental dynamism［J］. British Journal of Management，2015，26（2）：327-345.

［270］ WILLIAMS C，NONES B. R&D subsidiary isolation in knowledge intensive industries：Evidence from Austria［J］. R&D Management，2009，39（2）：111-123.

［271］ WILDEN R，GUDERGAN S P，NIELSEN B B，LINGS I. Dynamic capabilities and performance：Strategy，structure and environment［J］. Long Range Planning，2013，46（1-2）：72-96.

［272］ WINTER S G，SZULANSK G. Replication as strategy［J］. Organization Science，2001，12（6）：730-743.

［273］ WINTER S G. Habit，deliberation，and action：Strengthening the microfoundations or routines and capabilities［J］. Academy of Management Perspectives，2013，27（2）：120-137.

［274］ WOHLGEMUTH V，WENZEL M. Dynamic capabilities and routinization［J］. Journal of Business Research，2016，69（5）：1944-1948.

[275] WU L. Resources, dynamic capabilities and performance in a dynamic environment: Perceptions in Taiwanese IT enterprises [J]. Information and Management, 2006, 43 (4): 447-454.

[276] WU L. Entrepreneurial resources, dynamic capabilities and start-up performance of Taiwan's high-tech firms [J]. Journal of Business Research, 2007, 60 (5): 549-555.

[277] WU W. Dimensions of social capital and firm competitiveness improvement: The mediating role of information sharing [J]. Journal of Management Studies, 2008, 45 (1): 122-145.

[278] XI Y, WANG X, ZHU Y. Organizational unlearning and knowledge transfer in cross-border M&As: The mediating role of knowledge integration from a routine-based view [J]. Journal of Knowledge Management, 2020, 24 (4): 841-860.

[279] YAMAUCHI Y, HIRAMOTO T. Performative achievement of routine recognizability: An analysis of order taking routines at Sushi bars [J]. Journal of Management Studies, 2020, 57 (8): 1610-1642.

[280] YEN Y F, TSENG J F, WANG H K. The effect of internal social capital on knowledge sharing [J]. Knowledge Management Research & Practice, 2015, 13 (2): 214-224.

[281] YLI-RENKO H, AUTIO E, SAPIENZA H J. Social capital, knowledge acquisition, and knowledge exploitation in young technology-based firms [J]. Strategic Management Journal, 2001, 22 (6-7): 587-613.

[282] ZAHRA S A, SAPIENZA H J, DAVIDSSON P. Entrepreneurship and dynamic capabilities: A review, model and research agenda [J]. Journal of Management Studies, 2006, 43 (4): 917-955.

[283] ZELAYA-ZAMORA J, SENOO D. Synthesizing seeming incompatibilities to foster knowledge creation and innovation [J]. Journal of Knowledge Management, 2013, 17 (1): 106-122.

[284] ZHAO J, HA S, WIDDOWS R. The influence of social capital on knowledge creation in online health communities [J]. Information Technology and Manage-

ment, 2016, 17 (4): 311-321.

[285] ZHENG S, ZHANG W, DU J. Knowledge-based dynamic capabilities and innovation in networked environments [J]. Journal of Knowledge Management, 2011, 15 (6): 1035-1051.

[286] ZHOU K, LI C. How strategic orientations influence the building of dynamic capability in emerging economies [J]. Journal of Business Research, 2010, 63 (3): 224-231.

[287] ZHOU S, ZHOU A, FENG J, JIANG S. Dynamic capabilities and organizational performance: The mediating role of innovation [J]. Journal of Management & Organization, 2019, 25 (5): 731-747.

[288] ZOLLO M, WINTER S G. Deliberate learning and the evolution of dynamic capabilities [J]. Organization Science, 2002, 13 (3): 339-351.

[289] ZOTT C. Dynamic capabilities and the emergence of intraindustry differential firm performance: Insights from a simulation study [J]. Strategic Management Journal, 2003, 24 (2): 97-125.

[290] 曹勇，向阳．企业知识治理、知识共享与员工创新行为——社会资本的中介作用与吸收能力的调节效应 [J]. 科学学研究，2014，32 (1)：92-102.

[291] 曹红军，赵剑波．动态能力如何影响企业绩效——基于中国企业的实证研究 [J]. 南开管理评论，2008，11 (6)：54-65.

[292] 常红锦，党兴华，杨有振．创新网络惯例与关系稳定——信任的中介作用 [J]. 科研管理，2017，38 (11)：10-17.

[293] 戴万亮，张慧颖，金彦龙．内部社会资本对产品创新的影响——知识螺旋的中介效应 [J]. 科学学研究，2012，30 (8)：1263-1271.

[294] 戴万亮，杨皎平，李庆满．内部社会资本、二元学习与研发团队创造力 [J]. 科研管理，2019，40 (1)：159-169.

[295] 董保宝，葛宝山，王侃．资源整合过程、动态能力与竞争优势：机理与路径 [J]. 管理世界，2011 (3)：92-101.

[296] 董保宝，葛宝山．新创企业资源整合过程与动态能力关系研究 [J]. 科研管理，2012，33 (2)：107-114.

［297］董保宝，李白杨．新创企业学习导向、动态能力与竞争优势关系研究［J］．管理学报，2014，11（3）：376-382.

［298］党兴华，李全升．战略柔性对惯例更新的影响研究［J］．华东经济管理，2017，31（6）：125-134.

［299］杜小民，高洋，刘国亮，葛宝山．战略与创业融合新视角下的动态能力研究［J］．外国经济与管理，2015，37（2）：18-28.

［300］邓少军，焦豪，冯臻．复杂动态环境下企业战略转型的过程机制研究［J］．科研管理，2011（1）：60-61.

［301］杜建华，田晓明，蒋勤峰．基于动态能力的企业社会资本与创业绩效关系研究［J］．中国软科学，2009（2）：115-126.

［302］冯军政，魏江．国外动态能力维度划分及测量研究综述与展望［J］．外国经济与管理，2011，33（7）：26-33+57.

［303］葛宝山，谭凌峰，生帆，马鸿佳．创新文化、双元学习与动态能力关系研究［J］．科学学研究，2016，34（4）：630-640.

［304］耿新，张体勤．企业家社会资本对组织动态能力的影响——以组织宽裕为调节变量［J］．管理世界，2010（6）：109-121.

［305］高洋，葛宝山，蒋大可．组织学习、惯例更新与竞争优势之间的关系——基于不同环境不确定水平的研究［J］．科学学研究，2017，35（9）：1386-1395.

［306］关新华，谢礼珊．顾客知识创造能力对服务创新的影响——基于团队深层特征的实证研究［J］．经济管理，2016，38（8）：109-119.

［307］贺小刚，李新春，方海鹰．动态能力的测量与功效：基于中国经验的实证研究［J］．管理世界，2006（3）：94-103+113+171.

［308］黄宇虹，捷梦吟．关系、社会资本与小微企业创新［J］．科研管理，2018，39（11）：27-39.

［309］胡钢，曹兴．知识视角下动态能力对多元化战略影响的研究［J］．科研管理，2014，35（9）：98-105.

［310］胡爱军，王石磊．惯例变更与贡献一致：合作创新治理实证研究［J］．科学学与科学技术管理，2016，37（9）：90-101.

[311] 黄海艳，武蓓．交互记忆系统、动态能力与创新绩效关系研究[J]．科研管理，2016，37（4）：68-76.

[312] 简佩茹．高新技术企业社会资本促进创新绩效提升的机理及途径研究[J]．科技进步与对策，2019，36（6）：101-110.

[313] 简兆权，王晨，陈键宏．战略导向、动态能力与技术创新：环境不确定性的调节作用[J]．研究与发展管理，2015，27（2）：65-76.

[314] 江积海，刘敏．动态能力重构及其与竞争优势关系实证研究[J]．科研管理，2014，35（8）：75-82.

[315] 焦豪，魏江，崔瑜．企业动态能力构建路径分析：基于创业导向和组织学习的视角[J]．管理世界，2008（4）：91-106.

[316] 金昕，陈松．知识源战略、动态能力对探索式创新绩效的影响——基于知识密集型服务企业的实证[J]．科研管理，2015，36（2）：32-40.

[317] 蒋天颖，张一青，王俊江．企业社会资本与竞争优势的关系研究——基于知识的视角[J]．科学学研究，2010，28（8）：1212-1221.

[318] 卢启程，梁琳琳，贾非．战略学习如何影响组织创新——基于动态能力的视角[J]．管理世界，2018，34（9）：109-129.

[319] 李彬，王凤彬，秦宇．动态能力如何影响组织操作常规？——一项双案例比较研究[J]．管理世界，2013（8）：136-153+188.

[320] 李大元，项保华，陈应龙．企业动态能力及其功效：环境不确定性的影响[J]．南开管理评论，2009，12（6）：60-68.

[321] 李宇，陆艳红．知识权力如何有效运用：“有核”集群的知识创造及权力距离的调节作用[J]．南开管理评论，2018，21（6）：107-120.

[322] 林筠，韩鑫，张敏．结合型与桥接型社会资本对双元创新的影响[J]．科学学研究，2017，35（10）：1557-1566.

[323] 林海芬，于泽川，王涛．基于组织惯例的组织创新持续内生机理研究评述[J]．研究与发展管理，2017，29（1）：127-138.

[324] 刘立娜，于渤．知识和组织惯例互动演化视角下后发企业动态能力的微观基础[J]．管理学报，2019，16（7）：1044-1053.

[325] 刘学元，刘璇，赵先德．社会资本、知识获取与创新绩效：基于供应

链视角［J］. 科技进步与对策，2016，33（4）：119-126.

［326］刘力钢，刘建基. 大数据背景下科技型中小企业社会资本对动态能力的影响［J］. 科技进步与对策，2017，34（21）：64-72.

［327］刘海鑫，刘人境，李圭泉. 社会资本、技术有效性与知识贡献的关系研究——基于企业虚拟社区的实证研究［J］. 管理评论，2014，26（12）：10-19.

［328］刘寿先. 结构性社会资本如何影响技术创新——基于组织学习的视角［J］. 经济管理，2014，36（4）：147-158.

［329］龙思颖. 基于认知视角的企业动态能力及其绩效研究［D］. 杭州：浙江大学，2016.

［330］吕冲冲，杨建君，张峰. 共享时代下的企业知识创造——关系强度与合作模式的作用研究［J］. 科学学与科学技术管理，2017，38（8）：17-28.

［331］梁娟，陈国宏. 多重网络嵌入、知识整合与知识创造绩效［J］. 科学学研究，2019，37（2）：301-310.

［332］米捷，林润辉，谢宗晓. 考虑组织学习的组织惯例变化研究［J］. 管理科学，2016，29（2）：2-17.

［333］马鸿佳，董保宝，葛宝山. 创业能力、动态能力与企业竞争优势的关系研究［J］. 科学学研究，2014，32（3）：431-440.

［334］彭新敏，姚丽婷. 机会窗口、动态能力与后发企业的技术追赶［J］. 科学学与科学技术管理，2019，40（6）：68-82.

［335］单子丹，邹映，陈晓利. 双元惯例下动态异质性网络与开放式知识创造：策略选择及路径演化［J］. 科学学与科学技术管理，2018，39（4）：88-99.

［336］侍文庚，蒋天颖. 社会资本、知识管理能力和核心能力关系研究［J］. 科研管理，2012，33（4）：62-72.

［337］唐孝文，刘敦虎，肖进. 动态能力视角下的战略转型过程机理研究［J］. 科研管理，2015，36（1）：90-96.

［338］唐朝永，陈万明，彭灿. 社会资本、失败学习与科研团队创新绩效［J］. 科学学研究，2014，32（7）：1096-1105.

［339］唐朝永，陈万明，陈圻，牛冲槐. 组织衰落与组织创新的关系：失败

学习与组织惯例更新的影响 [J]. 管理评论，2018，30（10）：184-195.

[340] 唐丽艳，周建林，王国红．社会资本、在孵企业吸收能力和创新孵化绩效的关系研究 [J]. 科研管理，2014，35（7）：51-59.

[341] 汤超颖，丁雪辰．创新型企业研发团队知识基础与知识创造的关系研究 [J]. 科学学与科学技术管理，2015，36（9）：81-92.

[342] 王向阳，郗玉娟，谢静思．基于知识元的动态知识管理模型研究 [J]. 情报理论与实践，2017，40（12）：94-99.

[343] 王向阳，郗玉娟，谢静思．基于区域创新系统的知识转移模型研究 [J]. 图书情报工作，2017，61（17）：13-20.

[344] 王向阳，郗玉娟，齐莹．组织内部知识整合模型：基于知识演变视角 [J]. 情报理论与实践，2018，41（2）：88-93.

[345] 王晓红，张雪燕，徐峰，王贞红．社会资本对跨学科研究团队知识整合的影响机制 [J]. 科学学研究，2020，38（8）：1464-1472.

[346] 王永伟，马洁，吴湘繁，刘胜春．新技术导入、组织惯例更新、企业竞争力研究——基于诺基亚、苹果案例对比研究 [J]. 科学学与科学技术管理，2012，33（11）：150-159.

[347] 王永伟．CEO 变革型领导行为对组织惯例更新的影响机制研究 [J]. 中国软科学，2017（6）：163-173.

[348] 王永伟，韩亚峰．环境不确定情境下组织惯例更新的前因与后果 [J]. 科研管理，2019，40（10）：268-277.

[349] 王雷．外部社会资本与集群企业创新绩效的关系：知识溢出与学习效应的影响 [J]. 管理学报，2013，10（3）：444-450.

[350] 王凤彬，江鸿，吴隆增．社会资本与核心能力关系研究：以知识创造为中介变量 [J]. 科学学研究，2008（3）：612-618.

[351] 王淑敏，王涛．积累社会资本何时能提升企业自主创新能力——一项追踪研究 [J]. 南开管理评论，2017，20（5）：131-143.

[352] 王益民，赵志彬，徐猛．链内攀升与跨嵌入：EMS 企业动态能力协同演化——基于 Sanmina 公司的纵向案例研究 [J]．管理评论，2019，31（1）：279-292.

［353］汪秀婷，程斌武．资源整合、协同创新与企业动态能力的耦合机理［J］．科研管理，2014，35（4）：44-50.

［354］魏江，焦豪．创业导向、组织学习与动态能力关系研究［J］．外国经济与管理，2008（2）：36-41.

［355］韦影，王昀．企业社会资本与知识转移的多层次研究综述［J］．科研管理，2015，36（7）：154-160.

［356］温忠麟，叶宝娟．中介效应分析：方法和模型发展［J］．心理科学进展，2014，22（5）：731-745.

［357］吴航，陈劲．新兴经济国家企业国际化模式影响创新绩效机制——动态能力理论视角［J］．科学学研究，2014，32（8）：1262-1270.

［358］吴明隆．问卷统计分析实务——SPSS 操作与应用［M］．重庆：重庆大学出版社，2010a.

［359］吴明隆．结构方程模型——AMOS 的操作与应用［M］．重庆：重庆大学出版社，2010b.

［360］吴悦，李小平，涂振洲，顾新，张莉．知识流动视角下动态能力影响产学研协同创新过程的实证研究［J］．科技进步与对策，2020，37（8）：115-123.

［361］谢洪明，陈盈，程聪．网络强度和企业管理创新：社会资本的影响［J］．科研管理，2012，33（9）：32-39.

［362］许晖，王睿智，许守任．社会资本、组织学习对企业国际营销能力升级的影响机制——基于海信集团国际化发展的纵向案例［J］．管理学报，2014，11（2）：244-253.

［363］肖副，卢晓，芮明杰．企业遗产对持续竞争优势的影响研究：品牌资产的中介作用和动态能力的调节作用［J］．南开管理评论，2019，22（2）：155-164.

［364］熊捷，孙道银．企业社会资本、技术知识获取与产品创新绩效关系研究［J］．管理评论，2017，29（5）：23-39.

［365］熊名宁，汪涛．文化多样性会影响跨国企业的经营绩效吗？——基于动态能力理论的视角［J］．经济管理，2020，42（6）：61-78.

［366］姚瑶，左斌．产业位势与社会资本耦合——怎样给高创业导向企业带来成功？［J］．科学学研究，2012，30（10）：1527-1536.

［367］杨林，俞安平．企业家认知对企业战略变革前瞻性的影响：知识创造过程的中介效应［J］．南开管理评论，2016，19（1）：120-133.

［368］杨林，和欣，顾红芳．高管团队经验、动态能力与企业战略突变：管理自主权的调节效应［J］．管理世界，2020，36（6）：168-188+201+252.

［369］曾萍，蓝海林．组织学习、知识创新与动态能力：机制和路径［J］．中国软科学，2009（5）：135-146.

［370］赵晶，汪涛．社会资本、移情效应与虚拟社区成员的知识创造［J］．管理学报，2014，11（6）：921-927.

［371］赵健宇，李柏洲．对企业知识创造类生物现象及知识基因论的再思考［J］．科学学与科学技术管理，2014，35（8）：18-28.

［372］赵息，李文亮．企业知识搜索战略、技术不确定性与突破性创新关系研究［J］．科技进步与对策，2016，33（9）：122-128.

［373］张钢，王宇峰．组织模块性、知识基础与创新绩效——以动态能力为中介变量的实证研究［J］．浙江大学学报（人文社会科学版），2012，42（2）：206-220.

［374］张鹏程，李铭泽，刘文兴，彭坚．科研合作与团队知识创造：一个网络交互模型［J］．科研管理，2016，37（5）：51-59.

［375］张鹏程，彭菡．科研合作网络特征与团队知识创造关系研究［J］．科研管理，2011，32（7）：104-112.

［376］张军，曲丽洋，许庆瑞．不同新颖度知识创造与企业成长动态关系研究——基于华为时间序列数据的探索性案例研究［J］．科学学研究，2016，34（9）：1381-1390.

［377］张璐，周琪，苏敬勤，长青．基于战略导向与动态能力的商业模式创新演化路径研究——以蒙草生态为例［J］．管理学报，2018，15（11）：1581-1590+1620.

［378］张生太，刘露露．社会资本对微信群用户知识共享意愿的影响［J］．科研管理，2018，39（10）：108-119.

［379］郑大庆，王雨，陈文波．企业社会化网络如何影响企业价值创造？——一个研究述评［J］．外国经济与管理，2020，42（7）：137-152.

［380］郑素丽，章威，吴晓波．基于知识的动态能力：理论与实证［J］．科学学研究，2010，28（3）：405-411+466.

［381］周键，王庆金．创业企业如何获取持续性成长？基于创业动态能力的研究［J］．科学学与科学技术管理，2017，38（11）：128-141.

［382］朱慧，周根贵．社会资本促进了组织创新吗？——一项基于 Meta 分析的研究［J］．科学学研究，2013，31（11）：1717-1725.

［383］朱晓红，陈寒松，张腾．知识经济背景下平台型企业构建过程中的迭代创新模式——基于动态能力视角的双案例研究［J］．管理世界，2019，35（3）：142-156+207-208.

附 录

关于社会资本、知识创造、惯例更新和动态能力的调研问卷

尊敬的朋友：

您好！非常感谢您抽出宝贵的时间参与此次调研。

此次调研全部遵循匿名的方式，最终的结果只用来进行学术研究。

本次调研主要包括与组织社会资本、知识创造、惯例更新、动态能力等有关的问题。请您根据贵企业的实际情况填写问卷，您的慷慨支持和帮助对该研究的意义极其重大！

感谢您真诚的合作与支持！

问卷包括两部分，分别是企业基本情况和具体测量题项。以下是问题部分：回答没有对错之分，请您根据贵企业的真实情况填写和选择。

第一部分：调研对象基本情况

请您选择最符合真实情况的选项，并在方框中打钩或进行标注
1. 您所在的部门或职务：高层管理人员□ 研发部门中层□ 非研发部门中层□ 研发部门员工□ 非研发部门员工□ 其他□
2. 贵企业成立的时间：2 年以内□ 2~5 年□ 6~10 年□ 11 年及以上□
3. 贵企业的性质：外商独资企业□ 中外合资企业□ 国有企业□ 民营企业□ 其他□
4. 贵企业的行业背景：医疗制药行业□ 机械制造行业□ 食品制造行业□ 电子信息行业□ 生物化学行业□ 石油化工行业□ 交通运输行业□ 服装纺织行业□ 建筑建材行业□ 水利水电行业□ 环保绿化行业□ 其他行业□

续表

5. 贵企业的人数规模：100 人及以下□ 101~1000 人□ 1001~2000 人□ 2001~3000 人□ 3001~4000 人□ 4001~5000 人□ 5000 人以上□

第二部分：具体测量指标

请您结合环境不断变化情况下贵企业的社会资本情况、知识创造情况、惯例更新情况和动态能力构建情况，将各题描述情况与贵企业真实情况的符合程度按照 1~7 分进行判断。其中，“1”表示“完全不符合”，“2”表示“非常不符合”，“3”表示“比较不符合”，“4”表示“一般”，“5”表示“比较符合”，“6”表示“非常符合”，“7”表示“完全符合”。请选择您认为与贵企业最符合的选项，并在方框中打钩或进行标注。

一、以下 12 题是关于社会资本的测量指标，请您根据实际情况选择最符合的选项

	内容	符合程度
结构型社会资本	1. 贵企业与供应商、客户等外部组织联系频繁	1□2□3□4□5□6□7□
	2. 贵企业与供应商、客户等外部组织联系密切	1□2□3□4□5□6□7□
	3. 贵企业与供应商、客户等外部组织互惠互利	1□2□3□4□5□6□7□
	4. 贵企业与供应商、客户等外部组织联系数量较多	1□2□3□4□5□6□7□
认知型社会资本	5. 贵企业与供应商、客户等外部组织有相似的目标	1□2□3□4□5□6□7□
	6. 贵企业与供应商、客户等外部组织有共同话题	1□2□3□4□5□6□7□
	7. 贵企业与供应商、客户等外部组织有相似看法	1□2□3□4□5□6□7□
	8. 贵企业与供应商、客户等外部组织有共同文化	1□2□3□4□5□6□7□
关系型社会资本	9. 贵企业与供应商、客户等外部组织相互信任	1□2□3□4□5□6□7□
	10. 贵企业与供应商、客户等外部组织相互合作与帮助	1□2□3□4□5□6□7□
	11. 贵企业与供应商、客户等外部组织关系融洽	1□2□3□4□5□6□7□
	12. 贵企业与供应商、客户等外部组织具有高度承诺的关系	1□2□3□4□5□6□7□

二、以下 4 题是关于知识创造的测量指标，请您根据实际情况选择最符合的选项

	内容	符合程度
知识创造	1. 贵企业会根据外部环境的变化，构思新想法或制定解决问题的新方案，以更新管理经验和技能	1□2□3□4□5□6□7□
	2. 贵企业会根据供应商、客户等外部组织的需求创造市场性知识	1□2□3□4□5□6□7□
	3. 贵企业会根据行业技术的变化情况更新技术性知识	1□2□3□4□5□6□7□
	4. 贵企业会根据供应商、客户等外部组织的需求创造与开发新产品相关的知识	1□2□3□4□5□6□7□

三、以下 6 题是关于惯例更新的测量指标，请您根据实际情况选择最符合的选项

	内容	符合程度
惯例更新	1. 贵企业员工能够将新想法、新观点、新技能应用到改善组织规范过程中	1□2□3□4□5□6□7□
	2. 贵企业员工能够根据内外部环境的变化，主动进行组织规范的变革，以迎接新挑战	1□2□3□4□5□6□7□
	3. 贵企业鼓励员工定期提交改善组织规范的新提案	1□2□3□4□5□6□7□
	4. 贵企业能够及时地为员工提供新组织规范的培训和指导	1□2□3□4□5□6□7□
	5. 贵企业员工能够很快地接受并运用新的组织规范	1□2□3□4□5□6□7□
	6. 贵企业能够定期观察并评估组织规范的运作效率	1□2□3□4□5□6□7□

四、以下9题是关于动态能力的测量指标，请您根据实际情况选择最符合的选项

	内容	符合程度
动态能力	1. 贵企业有能力对市场环境的变化迅速做出反应	1□2□3□4□5□6□7□
	2. 贵企业有能力对竞争对手的行动迅速做出反应	1□2□3□4□5□6□7□
	3. 贵企业善于利用业务能力对外部机会做出反应	1□2□3□4□5□6□7□
	4. 贵企业有丰富的机会获取渠道，并善于利用机会	1□2□3□4□5□6□7□
	5. 当外部环境发生变化时，贵企业能够抓住意想不到的机会	1□2□3□4□5□6□7□
	6. 贵企业高度关注市场、消费者与竞争者等的状况，及时实施应对方案	1□2□3□4□5□6□7□
	7. 贵企业能够利用新组织规范更新工作方式或管理模式	1□2□3□4□5□6□7□
	8. 贵企业经常根据新组织规范变革组织结构	1□2□3□4□5□6□7□
	9. 贵企业经常根据新组织价值观更新业务流程	1□2□3□4□5□6□7□

如果您对本研究感兴趣，而且需要调查结果，请您留下联系方式。

您的E-mail是：

再次感谢您真诚的帮助与支持！祝好！